불멸의 테이블

불멸의 테이블

사공경 시집

시인의 말

    인도네시아는 바다 위에 길고 넓게 펼쳐진 섬나라일 뿐만 아니라, 밀림의 중심부처럼 아주 깊은 나라입니다.

    이곳에서 나는 어쩌면 순례자였는지도 모릅니다.
    자카르타, 식민의 이름으로는 바타비아. 고통과 식민의 기억, 정치적 폭력, 회복과 기도가 뒤엉켜 있는 도시였습니다. 저항과 존엄, 무너짐과 다시 일어섬이 짙은 초록과 붉은 땅에서 언어 이전의 방식으로 숨 쉬고 있었습니다.
    인도네시아에서 나는 역사의 상처를 보았고 예술을 배웠으며, 무릎 꿇는 법을 익혔습니다. 그리고 그 모든 시간 속에 예술은 꺼지지 않는 등불처럼 존재하고 있었습니다.

    내 마음을 두드리는 가믈란의 리듬 속에서 무대 위의 와양의 그림자에서, 노을 속에 울려 퍼지는 아잔과 성당 종소리 사이에서 나를 부르는 소리를 듣곤 했습니다.
    "너는 누구이며, 왜 여기에 있는가?" 나는 '신과 인간의 거리'를 묵상하면서 자신에게 물었습니다. 시는 나에게 일종의 영적 실천이었습니다.
    수백 년 아니 수천 년의 시간 속에서 켜켜이 쌓인 고통과 회복, 아름다움은 언어 이전의 언어로 나를 흔들었습니다.

바틱은 인도네시아 그 자체입니다. 시를 쓰는 일이란 역사를 감싸는 한 조각의 천을 짜는 일이거나 신 앞에서 헐벗은 마음으로 그리는 바틱 문양과도 같았습니다.

바틱 장인이 기도하는 마음으로 천 위에 말람(초)으로 쓰고 덮고 염색하고 다시 삶아내듯, 나 또한 언어로 마음을 새기고 덮고 다시 기도하는 과정을 수없이 반복했습니다.

이 시집은 그 물음들 사이에서 내가 듣고 보고 응시하며, 가만히 다가온 목소리들을 담아낸 내면의 사유입니다. 인도네시아라는 나라에서 낯설음이 주는 열정 속에 뿌리내린 일상에 대한 기록이며 그들의 삶과 예술, 믿음의 기록을 쓴 한 이방인의 언어이자 기도입니다. 그것은 흔들리는 야자수의 그림자이기도 하고, 비 오는 오후의 정적이기도 합니다.

읽는 이의 영혼에도 바틱 문양의 흔적이 조용히 물들기를 기도합니다.

2025년 자카르타에서 사공 경

차 례

● 시인의 말

제0장

서시 ——— 12
승리의 땅, 자카르타에서 ——— 14
자카르타 연가 ——— 16
여행에 부쳐 ——— 17

제1장 파타힐라 광장에서

바타비아의 오래된 항구 ——— 20
올라가지 않는 도개교 ——— 22
삐니시 1 ——— 23
삐니시 2 ——— 24
루아르 바땅 마을 ——— 26
뭍으로 올라온 지느러미들 ——— 28
순다 끌라빠 항의 전망대 ——— 30
해양 박물관 ——— 32
옛 조선소, VOC 갈랑안 ——— 34
빨간 상점 ——— 36

역사박물관 1 ─── 38

역사박물관 2 ─── 40

역사박물관 3 ─── 42

파타힐라 광장에서 ─── 43

카페 바타비아 ─── 44

제2장 반쪽 폐로 지킨 나라

슬라맛 다땅 ─── 48

꺼지지 않는 불꽃 ─── 50

반쪽 폐로 지킨 나라 ─── 52

시간이 멈춘 거리, 잘란 수라바야 ─── 54

수로빠띠의 이름으로 ─── 56

그늘진 기억, 스넨 시장 ─── 58

음표로 지은 배 ─── 60

묘비 박물관에서 ─── 62

이국에 묻힌 병사들의 영혼 ─── 64

깨달음의 자리, 스토비아 ─── 66

자바의 첫 망명객, 오랑 꼬레아 장윤원 ─── 68

독립 영웅, 양칠성 ──── 70
바리의 꿈, 버락 오바마 ──── 72
성 마리아 대성당 ──── 73

제3장 신의 그림자, 와양

바틱 1 ──── 76
바틱 2 ──── 78
바틱 3 ──── 80
앙끌룽 ──── 81
옛 노래, 두타 ──── 82
도예가, 위다얀토 ──── 84
하리 다르소노의 꿈 ──── 86
불멸의 테이블 ──── 88
보로부두르, 화려한 부활 ──── 90
사만가요 춤 ──── 92
신의 그림자, 와양 ──── 93

제4장 자카르타에서 생의 절반을 살다

뿐짝, 차밭에서 ──── 96

해변의 기도 ──── 98

안쪽 바다 ──── 99

자카르타의 우기 ──── 100

바타비아 마리나의 노래 ──── 101

쯔짝, 도마뱀 울퉁이 ──── 102

오후 3시의 공원 ──── 104

부치치 못한 편지 ──── 105

자카르타에서 생의 절반을 살다 ──── 106

중앙 우체국, 우정의 길 위에서 ──── 107

시간을 담은 바꿀 커피점 ──── 108

수카르노-하타 공항에서 ──── 110

옛 우체국의 시간 ──── 112

▨ 해설 | 최준 ──── 113
▨ 발문 | 도종환 ──── 125

제0장

서시
— 나는 박물관에 간다

예외 없다 우리 안에는
긴 세월을 불어간 폭우의 흔적이 있다
그랬다 지난 삶은 여정이었고
여정이 삶을 이루었던 그런 나날들

그곳 회랑은 늘 고요하고
회랑의 새벽은 희게 차갑다
내가 울리는 발자국 소리로
가슴속에 다시 스민다

다시 보아도 모든 죽음은
끝이 아니라 부활이었다
어제의 모습에서 일어서는 지금
불사조 한 마리가 은쟁반을 딛고 서서
이끼 낀 날개로 청동 거울을 닦는다

나를 바라보는 거기
지난날들의 폭풍과 폭우가 잠들어 있다

그랬나, 모든 삶은 그런 거였나
제 물길 스스로 지우며
아주 먼 곳으로부터
아주 먼 곳으로 노 저어가는
여정이라는 이름의 한 척 거룻배

남기 위해서가 아니라
단지 가고 있었으나
결국은 남아 있게 된
그래야 했던

나는 오늘도 박물관에 간다

— 자카르타 국립박물관에서

승리의 땅, 자카르타에서
— 자카르타, 5세기의 역사

역사를 증명하는 바람이 되어
도시의 시간을 걷고 싶었다

순다 끌라빠, 순다 왕국의 빛나던 날들
포르투갈의 돌 비문
후추 향 가득했던 부두의 문턱

파타힐라* 왕자의 칼
이슬람 깃발이 펄럭이고
자바 태양 아래 새 길을 열었다
자야카르타**, 승리의 땅
영광의 노래가 들린다

바타비아***, 식민의 그림자
벽 안에 갇힌 시간들
운하 위로 쓸려가는 꿈들
햇살은 진실보다 그림자를 길게 드리운다

순다의 고독, 유럽의 운하, 자바의 좌절

아랍의 시장, 페라나칸의 꿈

파도로 출렁이는 깊어진 강물

천백만 숨결이 엮어낸 오늘

강철과 유리가 세운 미래

자카르타, 다시 깨어난 도시

* 파타힐라(Fatahillah) 왕자: 자바의 무슬림 장군. 1527년 포르투갈과 순다 힌두왕국을 물리치고 순다끌라빠를 '자야까르따(Jayakarta)'로 개칭했다.
** 자야카르타(Jayakarta): '자카르타'라는 이름은 영광의 승리를 뜻하는 '자야카르타'에서 유래되었다.
*** 바타비아(Batavia): 네덜란드 동인도회사(VOC)가 자야카르타를 정복한 뒤, 1619년 세운 식민지 행정도시.

자카르타 연가

마라*의 삶은 갈보리 언덕에서
짙푸르게 짙푸르게 울기도 하는데
고대문화를 품은 기억의 도시
분주한 하루가 바람개비처럼 돌아간다

식민의 혼돈 속에서 세월을 숨긴 가믈란
나는 젊은 박인환**과 이단의 술을 마시고
빛을 태우는 바람 안단테로 흔들린다

푸른 나이 자카르타
노을이 쌓이면
그만 고백해 버리고 싶다
"나는 목이 긴 앙글렉이 되어
설레는 연을 잡고 싶다고
야자나무의 노래를 부르고 싶다."고

* 마라(Mara): 히브리어로 "쓴"을 뜻하며, 삶의 고통을 상징.(성경 출애굽기 15장 23-25절).
** 박인환: 「인도네시아 인민에게 주는 시」(1948년)를 썼다.

여행에 부쳐

닫힘에서 열림으로
과거에서 미래로

세월이 자석처럼 이끄는 찰나
그 낯선 삶 속으로

생의 미지가 남아 있다는 건
얼마나 큰 설렘인가

내 속의 아이 하나
전설 같은 잠 속에서
새벽별 눈을 뜨고

제1장
파타힐라 광장에서

바타비아의 오래된 항구

그때 12세기
서부 자바 찔리웅 강 하구
순다 끌라빠 항
자카르타의 서사가 시작되었고
모든 길은 여기에 닿아 있었다
향신료의 향기가 항구를 스쳤고
빠자자란* 왕국의
쌀과 금이 이곳을 지나갔으며
유럽과 바닷길이 열렸고
미국과 무역은 새로운 바람을 일으켰다

세월의 굴곡 속에 전염병이 덮치고
지옥 풍경을 보여주었다
수에즈 운하 시대가 열리고
새로운 항구들이 태어났어도
부둣가엔 원색의 범선들
향신료를 실어나르던 그때처럼
별 따라 나아간다

생의 무역로를 따라

술라웨시 부기스**들이 만든 삐니시!

부두의 일꾼들 힘겨운 발걸음

좁은 널빤지 위를 걸으며

서커스처럼 균형을 맞춘다

출항을 기다리는 범선들

그들의 꿈은 하나다

돛을 펼치며

새로운 곳으로 향한다

섬에서 섬으로 다시 인도양을 넘어 태평양 끝자락까지

---

* 빠자자란 왕국(Pakuan Pajajaran): 서부 자바를 지배하던 힌두 왕국으로, 16세기 초까지 번영을 누렸다.
** 부기스(Bugis): 술라웨시섬 남부를 중심으로 바다를 집처럼 살아온 해양 민족으로, 정교한 항해술과 상업 능력, 용맹함으로 유명하다.

올라가지 않는 도개교

붉은 다리 아래
깔리 브사르가 흐른다
시간의 흔적을 새긴 나무 기둥
옛날에는 열렸던 다리
배들이 자유롭게 오가던 날들
이제는 굳게 닫힌 채
올라가지 않는 꿈

닭 시장의 분주한 아침
상인들의 웃음과 발걸음
식민의 시간 부서진 꿈
허물어진 다리 위로
뜨거운 태양만이 내려앉는다

붉은 다리는 말한다
강물 따라 바람 따라
더 큰 바다로 나아가야 한다고
자유를 향한 길은 닫히지 않는다고

삐니시 1

숲의 깊은 숨결 속에서
태양을 마시고
하늘을 향해 가지를 뻗었다
껍질을 벗고 속살을 드러내며
바다로 나아갈 운명을 맞이했다

별따라 달따라 바다를 가르고
바람에 몸을 맡기며
돛을 올리고 길을 나섰다

수많은 섬을 지나
항구에 닿을 때마다
나무였던 날을 기억하며
파도 소리에 잃어버린
뿌리의 전설을 들었다
삐니시……
나무로 태어나
바다의 품에서 생을 마치다

삐니시* 2
─ 누산타라의 배

나무 한 그루가 별을 따라 걷기 시작했다
누산타라**의 바다를 꿈꾸면서
그 이름, 삐니시
희망봉 너머 먼 대양을 건넜구나

부기스의 손길로 시간을 새기고
비라의 점성술로 돛을 펼칠 때
바람과 함께 걸으며
길을 잃지 않았다

용골을 다듬으며 기도를 올리고
하얀 수탉의 피로 안녕을 빌며
목재마다 깃든 전설을 엮어
한 올 한 올 역사가 되었다

울린의 강인함으로 물결을 헤치고
티크의 아름다운 결로 태양을 품으며
므란띠의 넉넉한 가공성으로

그대, 거친 파도 달래며 하나 되는
물과 나무의 연대기

진수의 날
염소와 소의 다리를 배에 걸어두며
천 년을 달리길 기도했지

삐니시여!
네가 가는 곳마다
바람의 전설을 말하리라

* 삐니시(Pinisi): 부기스와 마카사르 종족이 만든 전통 범선으로 수 세기 동안 향신료의 길을 달리며 바다 위 문명을 노래했다. 군도와 대양을 잇는 살아 있는 해도(海圖)로, 세계 범선 항해 기술의 중요한 기반이 되었으며 유네스코 인류무형유산(2017)으로 등재되었다.
** 누산타라(Nusantara): 인도네시아 전체 군도를 아우르는 고유 명칭.

루아르 바땅* 마을
― 물 위의 그림자 집

거울이 필요할 것 같다

물속에 그림자를 빠뜨리고 있는 집들

물 위의 그림자 집에서 놀고 있는

벌거숭이 아이들

집에서 물로 뛰어드는 아이들

집 그림자 속으로 잠겨 드는 아이들

오래 묶여 있는 돛배들

흔들리면서 낡아가는 돛과 배들

때가 되면 떠나야 한다는

돌아오지 말아야 한다는 생각도 없이

한 겹 망사로 짜여진 영혼의 빨래만 펄럭거린다

길이 없다 아무도 길을 말하지 않는다

길을 물어보는 사람은 가야 할 데가 있는 사람

집을 떠나는 게 아니라 집이 떠나는 거다

바다 아이들의 꿈은 사자 갈기가 아니라

고래 지느러미다

고래를 낚기 위해 아이들은

미늘 없는 낚싯바늘을 물고 물로 뛰어든다
고래는 수평선을 건너오는 일이 없다는 것을
아이들은 모르는 것일까
그렇게 어른이 되어 빨래를 너는 것일까

엉덩이가 반질반질한 물개 새끼들
자카르타의 귓불에 붙어 있는 망망대해
그 아득한 시선 밖에서
보석 아닌 세월이 뚫어 놓은 구멍 하나
메워지지 않고 있다

---

* 루아르 바땅 마을 (Kampung Luar Batang): '장벽 밖'에 있는 마을이라는 뜻으로, 식민지 시절 VOC가 세운 어촌 마을로 18세기부터 형성된 이슬람 공동체.

뭍으로 올라온 지느러미들

어디론가 떠나려는 물결의 가슴
항구는 바다를 향해 늘 열려 있다
순다 끌라빠, 빠사르 이깐*
사백 년 넘게 물고기들의 이름을 불러주던 곳

어둠 속에서 가장 먼저 깨어나는 시장
새벽을 가르는 호객 소리
수 세기 전
이곳을 지나던 배들에 무겁게 실려 있었다
포르투갈의 금화, 네덜란드의 장부
떼돈을 번 유럽인들

이름 없는 어부들이 남긴 땀과 소금기
지느러미들은 서둘러 뭍으로 올라와
경매장의 손길에 넘겨지고
그제야 바다는 빈자리를 알아차린다

다시

누군가는 노 저어 나선다

가늘고 좁은 바닷길 위에서

주머니 속 영혼을 꼭 붙든 채

항구는 언제나 누군가를 기다린다

* 빠사르 이깐(Pasar Ikan): '생선 시장'이라는 뜻. 바타비아 시대 어업의 중심지였으나, 지금은 사라진 순다 끌라빠 항 인근 전통 어시장.

순다 끌라빠 항의 전망대

거대한 전망대 오래된 목소리로
무수한 시대의 눈을 간직한 채
높고 깊은 눈으로
해양을 군인들의 발걸음을
사라진 비밀 지하통로 끝자락을 좇는다

두 비문*의 나직한 대화
바타비아의 출발점 좌표
푸이 황제의 기념
단단히 새겨졌으나 천천히 지워지고 있다
바닥에 자리한 기상과 항로의 무게도

먼 수평선에서 들려온 포성의 메아리
어떤 이들은 바다를 꿈꾸며 노를 젓고
녹슨 철창** 너머로 스치던 원시의 파도
운명에 갇힌 얼굴들
"당신 앞에 바다가 있습니다."
전망대 위에 매달린 푸른 잎

바다와 함께 멈춰 선 시간

순간은 켜켜이 쌓여 비문처럼 남아
지워지지 않은 목소리들이
자카르타를 말한다
역사의 그림으로 남아
다시, 항해를 시작한다

* 두 비문: 중국어 비문으로 하나는 이곳을 '바타비아의 제로킬로미터'라 명명하며 도시의 기준점을 새겼고, 다른 하나는 중국 상인들이 승하한 '청 황제 푸이를 기념한다.'고 적혀 있다. 이는 바타비아와 중국의 교역 관계를 증언하는 기록이다.
** 철창: 전망대 아래 감옥에 갇힌 그들에게 바다는 여전히 자유였고 기억이었다.

해양 박물관

소금기 어린 바람이 가르쳐 준 오래된 항로
육두구와 후추, 바틱 문양
커피와 차향 가득한 창고
바다로 떠난 배들의 그림자

1년 6개월의 항해
돼지와 닭까지 실은 배 위에서
살아남은 자들만이 잔치를 즐긴다
불평등한 시간 속에서
파도는 모든 흔적을 지운다

2018년*
불꽃은 시간을 삼켰지만
반쪽짜리 공간에서도
바다를 꿈꾸고 있었다
옛 항해자들의 노래가 세월을 감싼다

붉은 옷을 입은 여신이 지켜보던 파도

삼지창을 든 신이 가른 길 위로

떠나는 이들의 비밀을 듣는다

잃어버린 길 위에 놓여 있는 사자와 여인상

그들이 지켜주는 바다

믿음 속에서 배는 먼바다로 나아간다

* 2018년 1월 16일 자카르타 북부 해양박물관에 화재가 발생해 VOC 무역선 모형, 삐니시(Pinisi)·란짱(Lancang) 같은 전통 선박, 자바 해전 디오라마 등 주요 유물이 소실되었다.

옛 조선소, VOC 갈랑안*

사라진 바다의 노래
400년 세월 품은
대들보는 여전히 무겁다
조선소의 흔적을 따라 걸으면
벽과 바닥, 대들보에 담긴 이야기가 들린다

향신료의 풍미
땀과 피로 인도양을 넘고 대서양을 가르며
태평양을 향해 나아간다
바타비아에서 암스테르담, 나가사키까지
페르시아 항구로 향했다

1746년 이곳에 최초의 우체국도 있었고
전염병의 우환 속에서도
차를 끓이며 살아난 중국인들의 지혜도 있었다

1999년 카페로 변신하기도 했던 갈랑안
세월의 흔적을 품은 예술의 공간

항해의 시간을 기다리는 뱃사람들이
오늘의 햇빛을 견디고 있다

바타비아의 먼 과거가
옛 조선소에서
햇빛 아래 역사를 가득 채운다

* VOC Gallangan: 네덜란드 동인도회사에서 운영하던 조선소.

빨간 상점*

멈춘 시간 속에 붉은 집
깊은 기억 스며든 강물
묻힌 이름과 얼굴
붉은 집에 새겨진 임호프**의 꿈
바다를 건넌다
발케니에르***의 어둠
침묵 속 그 벽

붉은 강물 차오르는 오늘
별빛 흐르는 깔리 브사르****
지워진 발걸음 사라진 목소리
빨간 상점, Toko Merah! 붉은 시간 속에

* 빨간 상점(Toko Merah): 깔리 브사르 강가에 서 있는 18세기 VOC 시대의 건축물로, 붉은 벽돌 외관 때문에 '빨간 상점'이라 불린다. 한때 VOC의 군사 거점으로 이용되어 1740년 바타비아 중국인 학살 당시 체포·수용·진압 작전이 이뤄진 어두운 역사의 현장이다. 오늘날에는 카페와 문화 공간으로 재탄생한 역사적 랜드마크다.

** 임호프(Gustaaf Willem Baron van Imhoff): VOC의 고위 관리로 빨간 상점을 건축(1730)했으며, 중국인 탄압에 반대했다. 훗날 총독이 되었다.

*** 발케니에르(Adriaan Valckenier, 재임 1737~1741): 1740년 바타비아 중국인 학살의 주범으로 기록된다.

**** 깔리 브사르(Kali Besar): 인도네시아어로 '큰 강'을 뜻한다. 자카르타 구시가지(꼬따 뚜아)를 흐르는 옛 운하로, 네덜란드 식민지 시대 무역과 운송의 중심 수로였다. 양옆에는 식민지풍 건축물이 늘어서 있어, 오늘날까지도 역사적 풍경을 간직한 장소로 남아 있다.

역사박물관 1
— 피터 에르베르펠트*에게 바치는 노래

거대한 비문 하나 오래도록 말이 없다
기억의 지층에 새겨둔 진실이라는 무게

자바의 태양 아래 두 문명을 품은 가슴
VOC의 검은 심장은 거짓된 혐의로
말발굽에 사지를 찢겨 죽였다
바람 속을 떠돌았던 금지된 이름

이제사 열린 철문 틈으로 비문은 묻는다
진실은 어떻게 전승되는가?
역사는 어디에서 시작되는가?
우리는 대답하지 못한다
시간의 폐허 위를 걸을 뿐

박물관이라 부르지만
여전히 심판의 법정
끝나지 않은 질문
비문은 그를 배신자로 새겼으나

끝내 정의의 이름으로 남았다

바타비아의 4월을 적신
그를 기억하는 자들의 눈물
초록 잎 사이에
"자유여, 피로 피어난 자유여!"
그의 이야기는 살아 있다

피가 스며든 땅 위에
네 머리를 꽂았던 창은 녹슬어도
너의 의지는 빛난다

---

* 피터 에르베르펠트(Pieter Erberveld): 독일인 아버지와 태국인 어머니 사이에서 태어난 혼혈 상인으로, 1722년 바타비아에서 네덜란드 식민 지배에 저항하다 반역죄로 거열형에 처해졌다.

역사박물관 2
― 수조요노*의 그림 '술탄 아궁**의 투쟁사' 앞에서

검붉은 선 하나, 깊은 상흔
시대가 우는 그림 앞에서
침묵으로 말하는 색채들이
나를 꿰뚫고 지나간다

술탄의 눈동자에서
불타는 자바의 오후가 열렸다
쿤***의 입술 끝에선 제국의 거짓이
수탈처럼 스며 나왔다
무채색으로 흐르는 바람
나는 그 틈에 서 있다

수조요노*, 그림보다 진실을 먼저 고민한 사람
수천 겹의 시간 위에 다시 시간을 덧칠하며
스케치 한 장마다 숨 쉬는 자바의 꿈
식민의 한숨이 배어 있다

칼보다 묵직한 정의를

한 몸처럼 지니고 있다

왕국 귀족회의에서는
빠랑**** 문양처럼 끊길 듯 이어지는 자바의 자존
항구의 협상에서는 주권 · 독립 · 평등
역사의 심연에서 차오른다

그의 붓이 써 내려간 민족의 혼이자 예술적 선언
지워지지 않는 정체성의 증언
"진실한 예술은 사라지지 않는다.
그것은 시간 속에 깨어 있는 영혼이다."

---

* 수조요노(S. Sudjojono, 1913-1986): 현실주의와 민족의식을 담아낸 인도네시아 근대미술의 아버지이며 현대미술을 이끈 화가.
** 술탄 아궁(Sultan Agung, 1593~1645): 마타람 왕국의 국왕. 1628~1629년 두 차례 바타비아를 공격했으며, 비록 승리하지 못했으나 항쟁의 상징으로 남았다.
*** 얀 피터르존 쿤(Jan Pieterszoon Coen, 1587~1629): 바타비아를 세운 VOC 총독. 잔혹과 탐욕의 상징으로 기억되며 1629년 전염병으로 사망.
**** 빠랑 루삭 바롱(Parang Rusak Barong): 오직 왕만이 착용할 수 있는 최고 등급의 신성한 문양으로 왕권 · 용맹 · 끊임없는 투쟁을 상징한다.

역사박물관 3
― 돌벽 안에 사는 사람들

박물관이 된 총독부 건물
시간에 박제된 권력을 전시한다

광장의 햇빛은 여전하지만
회색 벽에 낮게 웅크린
빛이 닿지 않는 돌바닥
그 벽 안쪽엔 그림자가 산다
쇠뭉치에 묶인 손발
눌린 꿈 조용한 저항 사라진 이름

걷는 이마다 질문을 삼킨
기억의 미로

파타힐라 광장에서

옛 바타비아 한가운데
시간은 돌바퀴를 굴리며 흐르네
역사의 숨결 깃든 광장
돌길 위 자전거 바퀴 돌아가고
사람들은 웃으며 사진을 찍네
붉은 기와 아래 박물관은
과거를 품고 오늘을 맞이하네
네덜란드의 발자국 남은 시청
말라카에서 온 대포가 서 있고
그림 같은 거리엔
오래된 우체국과 무역회사
액자로 들어온 카페 바타비아
사형대가 서 있던 자리
지금은 노래와 춤이 흐르고
역사의 그림자 품고
문화의 빛으로 다시 피어나네
파타힐라, 그 이름 아래
과거와 현재가 손을 잡고
낡은 광장에 퍼지는
자유의 노래, 희망의 꿈

카페 바타비아

한때는 총독의 거처
때로는 예술의 쉼터
고문과 처형의 비명이 스친 자리
우기의 끄트머리
몽롱한 시간은
카페 바타비아를 맴돈다

둥근 탁자 위에 놓인 앙글렉
가지 하나에
활짝 핀 꽃송이, 피어나려는 꽃송이

내려다보이는 파타힐라 광장*에는
물건을 사고파는 사람
우물을 만든 사람
그 아래서 세상에 절규하는 사람
지상에 빠뜨리고 온 조각을 찾기 위해
어둠 속에 춤추는 영혼들
마술사, 광대, 음악가

퇴폐와 예술이 하나 되는 곳
거꾸로 선 꿈의 전설
유령의 그림자조차 품어내는 곳

앙글렉 몇 송이가 이룬 작은 세상
왈츠에 취해 세상을 휘돌아 잊은 듯
시린 생맥주를 마시는 주말 저녁

아무도 들어본 적 없는 노래처럼
향기 내뿜는 앙글렉

* 파타힐라 광장(Lapangan Fatahillah): 옛 바타비아 시청(현 역사박물관) 앞에 자리한 광장으로, 네덜란드 식민지 시절 공개처형이 행해졌던 역사적 공간. 맞은편에는 카페 바타비아가 있다.

제2장
반쪽 폐로 지킨 나라

슬라맛 다땅*
― 환영 기념비 앞에서

소녀는 꽃다발을 들고
소년은 손짓으로
"어서 오세요"
자카르타의 심장 한가운데
분수가 솟아 오르고
오래된 환영의 인사를 되새긴다
"슬라맛 빠기, 슬라맛 소레**…"
하루의 인사가 역사로 물든다

1962년 아시안게임
끄마요란에서 시작해 스나얀으로 달려간
청동의 몸에 새겨진 발걸음들
슬라맛 다땅을 꿈꿨던 사람, 수카르노!

호텔 인도네시아 창가에서 바라본
민중의 열기와 자부심
전설이 된 날들
꽃다발은 시들지 않고

소년과 소녀는 영원히
자카르타의 내일을 향해 팔을 뻗는다

"어서 오세요"
가슴 깊이로 메아리친다

---

* 슬라맛 다땅 (Selamat Datang): 인도네시아어로 "어서 오세요", "환영합니다"라는 뜻.
** 슬라맛 빠기, 슬라맛 소레 (Selamat pagi, selamat sore): 각각 "좋은 아침", "좋은 오후"라는 인사말.

꺼지지 않는 불꽃
— 모나스, 국립기념탑 앞에서

젊은 도시 자카르타 한복판
132미터의 꿈과 맹세를 안고
존엄한 독립의 날을 새기네
— 1945년 8월 17일 10시의 선언처럼

꼭대기에서 금빛으로 타오르는 불꽃
나라 위해 타오른 열정
모나스는 음양의 조화 속에
인도네시아를 우뚝 세운다

모나스 지하
선사시대에서 스리위자야, 마자빠힛 왕국
식민의 그림자, 디쁘느고로*의 말발굽 소리
반둥 연대와 새 시대 약속까지
파노라마로 펼쳐지네

엘리베이터 모양의 '독립의 문'
금빛 가루다**가 조국의 염원을 가슴에 안고

자스민*** 꽃문양 문을 지키며
'국가를 위해서'를 부른다

모나스여! 너는 살아 있는 정신
어둠을 가르며 내일을 비추는 불꽃
디뽀느고로, 당신이 내일의 힘입니다

* 디뽀느고르 왕자(Pangeran Diponegoro): 욕야카르타 술탄 하멩꾸부오노 3세의 장남으로, 네덜란드 식민 세력에 맞서 자바 전쟁(1825-1830)을 이끈 이슬람 영웅.
** 가루다(Garuda): 힌두 신화에 등장하는 신조(神鳥)로, 인도네시아 국장에 새겨진 국가의 상징. 힘·충성·통합·나라의 꿈을 상징한다.
*** 자스민(Melati Putih, 하얀 자스민): 인도네시아의 국화. 꽃말은 '순결·회생·성실·진실·고귀한 가치'를 담고 있으며, 국가 이념과 결합될 때는 '순수한 애국심과 단결'을 뜻한다.

반쪽 폐로 지킨 나라
― 수디르만 장군 동상 앞에서

거수경례를 한 채
바위 같은 기개로 서 있다
1948년 족자의 어둠 아래
수카르노 앞에서 목숨을 걸고
다짐했던 그 모습으로

1945년 지휘관으로 취임한 그때 나이 스물아홉
단호한 결정, 따뜻한 명령
병사들은 그를 '아버지'라 불렀다

반쪽 폐로 전장을 지휘한 밤들
계곡을 건너 절벽 끝까지 게릴라전을 이끌고
가마 위에서 지도를 펼치고
산길을 오르며 전략을 세웠다
그 이름, 조국을 위해서

족자로 돌아왔을 때
병은 심장까지 다가왔다. 허나

"아픈 이는 장군 수디르만이 아닙니다.
장군은 약해질 수 없습니다." 그렇게 말한 사람
절반의 몸으로 끝까지 조국을 껴안은
그는 국민군의 상징

당신이 지켜낸 이 나라의 거리
수디르만로*에서 코트 자락 휘날리며
인도네시아의 안위를 걱정하고 있다
"나는 조국을 절대 떠나지 않습니다."
당신의 다짐은 이 땅을 감싸고
모나스를 향해 끝없이 솟아오른다

* 서울에 세종로가 있다면 자카르타에는 수디르만로가 있다.

시간이 멈춘 거리, 잘란 수라바야

오래된 나무 선반 위에 도자기 한 점
비밀이 숨겨져 있다
골동품에 쓰여진
Drake's "Golden Hind" 1577
손끝으로 문지르면
잊혀진 항로의 노랫소리가 들린다

VOC가 새겨진
낡은 나침반이 방향을 가리키고
정화함대의 흔적이 새겨진 도자기
대항해시대의 서막을 알린다
와양 인형들이 줄지어 서서
어느 왕국의 몰락을 연극으로 펼치고
청동거울 속엔 사라져간 얼굴들이 비친다

잘란 수라바야
이천 년을 걸어온 거리
클린턴이 남긴 역사의 편린도

오래된 트렁크 속, 여행자의 작별도
손에 쥔 놋쇠 촛대가
어느 귀족의 저녁을 기억할 때
세월의 자취를 안고 있다
꽃병 위에 핀 벚꽃 기모노를 입은 여인의 뒷모습
시중드는 인도네시아 하인 고통을 품고 있는 침묵

역사는 상품이 되고
추억은 값으로 매겨진다
잘란 수라바야, 시간이 멈춘 거리

수로빠띠*의 이름으로
— 동남아사아의 우정과 평화

자카르타 중심부, 멘뗑
그의 이름을 품은 공원
우정과 평화의 아세안 조각들**
한때 노예였으나 자유를 꿈꾸던 영혼
사랑과 조국이 운명이었던 사나이

그는 떠나고 무덤조차 지워졌으나
가슴 속에 사랑 노래 남기네
'수잔느, 너를 영원히 지키리'

각 나라의 조각에 새겨진 연대와 조화의 언어
그의 저물어간 하늘은
부활을 노래하고 있다

독립운동가, 수로빠띠
칼이 아닌 이름으로 남았다

* 수로빠띠(Suropati, 1660~1706): 발리 귀족 출신 노예로 주인 VOC 장군 딸과 사랑에 빠져 감옥에 갇혔다가 탈출하여 자바 전역에서 VOC에 맞서 싸운 국가 영웅.
** 아세안(ASEAN) 조각공원: 수로빠띠 공원에 아세안 초기 회원국들이 기증한 조각들이 서 있으며, 아세안은 인도네시아의 제안으로 1967년 창립되었다.

그늘진 기억, 스넨 시장

    지나간 세월을 담은 1735년 시작된 구석구석, 그 이름에 담긴 고통과 역사의 흔적들. 인도네시아 독립운동의 밀어가 오가던 1930년대 뒷골목, 문인들이 머물던 40~50년대 스넨 문인의 언저리. 돈과 욕망이 부딪히던 70~90년대 경제의 심장. 1998년 불타오른 분노에 타버린 이름, 빠사르 스넨.*

    독립 후 이곳에 번진 조선 청년들의 색채, 탈출구 없던 일제강점기 포로 감시원으로 동원되어 해방의 꿈속에서 고국을 그리며 빠사르 스넨 골목에 예술을 펼친 그들. 전범으로 낙인찍혀 꼬따 뚜아** 어딘가에 고려독립청년단***을 격려하는 백범 김구 선생님의 친서와 태극기****를 묻은 나라 없는 청년들의 약속.

    감옥으로 사형대로 이어졌던 길에 예술은 다시 살아나지 못하고 어둠 속에 남은 잃어버린 고국의 흙냄새. 복잡한 시장통 스넨 바닥 깊숙이 서사는 메아리친다. 자유라는 이름으로 조국이라는 통증으로 상실한 꿈의 형이상학적 그늘진 기억들.

어김없이 깨어나는 스넨 시장 그 길 위에 선다.

* 빠사르 스넨(Pasar Senen): '스넨 시장'이라는 뜻으로, Pasar는 인도네시아어로 '시장'.
** 꼬따 뚜아(Kota Tua): 자카르타의 구도시, 옛 바타비아의 중심지.
*** 고려독립청년단: 포로감시원으로 끌려온 조선 청년들이 조직한 독립운동 단체.
**** 백범 김구의 친서와 태극기: 구전과 증언에 따라 전해진다.

음표로 지은 배
— TIM* 알리 사디킨** 건물 앞에서

유리창에 새겨진 빛처럼
건물의 선을 따라
애국심을 노래하는 음표들
낮게 깔린 음표는 땅을 만지고
높은 선율은 하늘에 새겨진다
고귀한 땅 인도네시아, 내 피를 흘린 땅

음악이 머무는 배, 선율은 높낮이를 그린다
문화와 예술을 싣고 흐르는 범선 뻬니시
바닥은 바다처럼 넓고
높은 벽은 하늘을 닮았다

이스마일 마르주키***의 "야자수 섬의 유혹"****
인도네시아의 꿈을 품고
애국의 시간을 지나간다

* TIM(Taman Ismail Marzuki): 자카르타의 대표 예술 문화 공간.
** 알리 사디킨(Ali Sadikin): TIM을 조성한 전 자카르타 주지사(1966-1977).
*** 이스마일 마르주키(Ismail Marzuki): 인도네시아 국민 작곡가, TIM의 이름 유래.
**** 야자수 섬의 유혹(Rayuan Pulau Kelapa): 조국의 자연을 노래한 이스마일 마르주키의 대표 애국가.

묘비 박물관에서

"어제 나는 너희와 같은 곳에 있었다
너희도 내일은 나와 같은 곳에 있을 것이다."*

삶의 흔적이 지나간 정원
누군가는 이곳에서 잠들었고
누군가는 이곳에서 이야기로 남는다

이름이 묘비에 새겨지고
시간은 그 위를 쓰다듬으며
남겨진 생을 이야기한다
잊히지 않으려는 존재들의 노래
인생과 자연의 균형을 말하며
비문 속에서 속삭이는 천사의 목소리

시간이 지나도 사라지지 않는 것
기억일까, 그리움일까
마지막 열차에 대한 조바심
박물관의 색깔과 향기로 녹인다

묘비 위를 애도처럼 스치는 바람이
햇살을 털고 간다

흙 속에서 들리는 그들의 목소리
묘비들이 지키는
생과 사의 경계

* "어제 나는 너희와 같은 곳에 있었다/ 너희도 내일은 나와 같은 곳에 있을
것이다." ― 박물관 입구 문구 인용.

이국에 묻힌 병사들의 영혼
― 안쪽 명예묘지*에서

흰 깜보자 꽃 피어 있는 곳
침묵 속에 서 있는 정돈된 비석들
그들은 한때 젊은 날의 불꽃
이름 새겨진 돌들은 시간을 안은 채
지나간 전쟁의 아픔을 승화시킨다

늪에 스러진 그림자
자바해로 떠내려간 혼백들
하늘나무** 아래 서면
그들의 생이 머문다
죽음조차 지우지 못한 이름들
별 아래 잠든 그들을
"동트는 새벽이 올 때마다 우리는 기억하리
그들은 늙지 않을 것이며
세월도 그들을 지치게 하지 못하리"***

* 안쫄 명예 묘지(Ereveld Ancol): 네덜란드 전쟁희생자관리기구(OGS)가 1946년 조성한 묘역으로, 일본 점령기 희생자 약 2,000여 명(네덜란드인·인도네시아인·중국인·연합군)이 안장되어 있다. 점령기 처형지였던 이곳은 남서 태평양 전후 최초의 네덜란드 전쟁 묘지로, 전쟁의 비극과 화해를 기리는 추모 공간이다.

** 하늘나무: 이 나무 아래에서 많은 처형이 이루어졌으며, 기념적으로 보존되어 묵념의 장소로 활용.

*** 마지막 연: '하늘나무'에 새겨진 시구로 로렌스 비니언(Laurence Binyon)의 「For the Fallen」에서 번안.

깨달음의 자리, 스토비아*

　1908년 5월 20일 그날의 외침. 해부실에서 시작된 깨달음의 불씨 부디 우토모** 협회. 어둠 속 식민윤리정책 아래 지혜의 불꽃으로 타오르던 스토비아, 꿈의 요람. 조국의 아픔을 싸매고 병든 이마를 쓰다듬을 때 배움은 희망의 맥박. 기숙사 창을 넘어 달빛 아래 토론들은 사상의 저항에서 시작된 독립을 향한 첫걸음.

　향신료 향 가득한 바다를 지나 억압의 시대를 넘어선 청춘들. 그들이 남긴 발자국은 내일을 여는 열쇠. 이곳에서 꿈꾸던 청춘들 책장을 넘기며 혁명의 씨앗이 자랐고 펜 끝에 새겨진 미래, 신분을 넘어 오직 독립을 향한 하나의 길, 스토비아의 교실과 기숙사 그곳은 의술과 사상의 전장.

　그날의 함성이 박물관이 되어 왼쪽엔 국민 각성의 역사 오른쪽엔 의학의 역사, 서로를 바라보며 외친다. "깨어나라, 너희가 빛이다." 스토비아여 네가 길러낸 이름들은 이 땅의 부름에 응답하며 민족의 각성을 불멸의 선율로 노래한다.
　오늘, 오래된 해부실 아래 다시 뛰는 청춘의 심장.

* 스토비아 (STOVIA): 1902년 설립된 인도네시아 최초의 고등교육기관으로, 토착 의사 양성에서 시작해 UI 의과대학으로 이어지며 수많은 독립운동가를 배출했다.
** 부디 우토모 (Boedi Oetomo): STOVIA 졸업생들이 1908년 결성한 인도네시아 최초의 민족주의 단체로 민족운동의 출발점.

자바의 첫 망명객, 오랑 꼬레아* 장윤원**

1919년 3월 1일, 만세의 함성으로 뒤덮인 거리. "이생은 조국의 이름으로 불타리라." 산 같은 맹세. 그는 독립운동 자금을 마련하며 일본의 감시망을 뚫고 베이징을 거쳐,

1920년 9월 20일***, 조선인으로는 처음으로 자바 바타비아(오늘의 자카르타)에 도착했다. 야윈 그림자는 길고 낯선 적도의 바람은 늘 타국의 냄새였으나, 그의 가슴에는 '아리랑'이 울리고 있었다.

1942년, 자바를 점령한 일본군 헌병대는 장남에게조차 쇠몽둥이질. 글로독 형무소―치욕의 보도행진―살렘바 형무소로 이어진 길. 모진 고문과 수감생활로 몸은 짓이겨졌으나, 조국 독립의 열망은 적도의 태양보다 더 뜨거웠다.

1945년, 조국은 광복을 맞았으나 그의 가슴 속엔 여전히 얼어붙은 한강이 흘렀다. 자신의 귀향보다 일본 군속 포로감시원으로 온 조선 청년들의 귀환을 위해 몸을 던진다.

1945년 9월 1일, '재자바조선인민회'가 결성되었다. "조선 청년들은 일본군이 아니다."는 사실을 알리려 했으나, 그들에게 전범이라는 이름이 씌워졌다. 감옥으로 사형장으로 끌려가 이슬이 된 조선의 아들들. 그는 핏빛으로 물든 하늘을

올려다보며 "오랑 꼬레아의 아리랑"을 삼켰다. 더 이상 돌아올 길이 없는 망명의 노래였다.

1947년 11월 23일, 고문으로 부서진 몸 상실로 패인 가슴, 그는 긴 망명의 고단한 삶을 마치고 따나 꾸시르(Tanah Kusir) 묘지의 흙이 되었다. 누구의 기도일까? 자스민 향기 속에 그를 잠들게 한 꽃바구니는, 그는 오늘도 우리와 함께 걷는다.

* 오랑 꼬레아(Orang Korea): 인도네시아어로 '한국 사람'을 뜻한다.
** 장윤원(1883-1947): 인도네시아에 뿌리내린 첫 한국인이자 가톨릭 신자. 차남 장순일(1927~1995)은 아버지의 뜻을 이어 가톨릭 아트마 자야 대학교를 설립했다. 그 공로로 로마 교황청이 민간에게 내리는 최고의 훈장, '실버 메달'을 받았다. 삼녀 장평화(1942~2016)는 외교관 여한종(전 파푸아뉴기니 대사)과 가정을 이루었고, 눈물 많은 생을 한국에서 마감했다.
*** 1920년 9월 20일: '인도네시아 한인 이주 100주년'을 기념하며 2020년 같은 날을 '한인의 날'로 제정.

참고문헌: 『인도네시아 한인 100년사』 공저, 제1장 「해방 전후의 한인사」, 김문환.

독립 영웅, 양칠성

조국을 가졌으나
조국은 그대를 품지 못했네
징용의 굴레에서
총을 쥔 손으로 눈물 삼킨 밤들
'포로 감시원'이라는 이름 아래
조선인도 일본인도 인도네시아인도 아닌
젊은 날의 그대

역사의 거센 파도가
그대를 게릴라로 불렀을 때
그대는 검은 정글의 표범이 되어
한 손엔 총 다른 손엔 신념을 들고 싸웠다
빵에란 빠빡의 깃발 아래
자유의 이름으로, 독립의 이름으로

네덜란드 군의 탄환이
그대의 가슴을 뚫었던 순간
그대는 조국을 떠올렸을까

사랑하는 여인, 런쩨를 불렀을까

그대가 무너뜨린 다리 위에
그대의 피는 아직도
뜨겁게 흐르고 있으리
그대는 조국의 아들이었노라고
정의의 이름으로 살았노라고

가룻 거리를 따라 새겨진 도로명
JL. KOMARUDIN (YANG CHIL SUNG)*
인도네시아와 한국
나란히 걸으며 우정을 노래한다

* JL. KOMARUDIN (YANG CHIL SUNG): JL은 인도네시아어로 '거리'. 'KOMARUDIN'은 양칠성의 인도네시아 이름.

바리*의 꿈, 버락 오바마
― 나비의 꿈을 키워 준 작은 교실

칠판 위에 적힌 낯선 단어들
어린 마음속 질문들
"나는 누구인가?"

나비 한 마리, 왼손 위에 내려앉아
애벌레의 꿈이 날개를 펴듯
소년의 꿈도 하늘을 향해 퍼져간다
친구들과 나누던 빵 한 조각
외로움 속에서도 희망을 껴안았던 그는 리더였다

"미래는 자신의 꿈을 믿는 자의 것"
'외로운 최초'에서 '빛나는 최고'가 되어
당당하게 빛나고 있다

* 바리(Barry): 멘뗑 국립 제1초등학교(SDN Menteng 01) 교정에는 오바마의 어린 시절 애칭을 딴 동상 'Barry Dream'이 세워져 있으며, 왼손에는 나비가 앉아 있다. 교문 기둥에는 "미국 제44대 대통령 Barack Hussein Obama II가 1969~1971년 다녔다"고 적혀 있다.

성 마리아 대성당

인도네시아 복음의 초석이 된 대성당
한 줄기 빛처럼 솟아오른 첨탑
마리아와 요셉의 손이 기도처럼 모아져 있다

고딕 아치 속을 흐르는 돌 위에 새겨진 신의 은총
장엄하게 영혼을 적시는 스테인드글라스

천 개의 관으로 된 나무 파이프오르간
천 개의 기도를 싣고 시간의 강을 건넌다

십자가 모습의 바닥 위를 걸으며
빛과 소금이 되어야 함을 배운다

첨탑 아래 무릎 꿇으며 내 삶을 지켜온 사랑
모든 순간이 신의 은총이었음을

못 자국 난 아들을 안고 눈물 흘리는 마리아
장미가 피는 계절에, 그 옆에서 숨죽일 무렵

제3부
신의 그림자, 와양

바틱 1

신의 마음을 담은 말람*을 녹인다
짠땅**에 담긴 기도의 노래
천 위에 엮어낸 삶
꿈도 사랑도 신께로 향한다

바틱 문양은 시간을 품고
자연의 빛은 옷으로 물들며
멈추지 않는 손길로 선을 잇고 이어
생의 약속을 짓는다
태어날 아이를 위한 배내옷
사랑받기를 높고 고결하기를
한 땀 한 땀 우주에 실어 보낸다
신랑 신부는 시도 묵띠 문양***을 입고
영광의 문턱을 넘는다
부모는 뜨룬뚬 문양****을 두르고
사랑과 인내를 가슴에 새긴다

영혼의 옷, 철학의 옷

바틱은 사랑이다

* 말람(malam): 벌집왁스·파라핀·송진 등을 섞어 만든 특수 초.
** 짠띵(canting): 작은 구리 주둥이를 통해 녹인 말람을 천 위에 흘려 무늬를 그리는 바틱 도구.
*** 시도 묵띠(Sido Mukti) 문양: 부부의 화목과 번영를 기원.
**** 뜨룬뚬(Truntum) 문양: 부모의 변함없는 사랑과 축복을 상징.

바틱 2

직물 박물관을 거닌다
조글로 지붕* 아래 스며든
말람의 향기

이부 아리의 눈동자 속
한 땀 한 땀 새겨지는 자바의 시간
그녀의 눈동자는 꿈을 짓고
무한을 그리는 점과 선 우주를 수놓았다
천천히 아주 천천히
염료 속에 젖어 들며
새겨지는 세월의 문양

"구루** 사공, 바틱을 알면
인도네시아가 보일 거예요."
그녀의 말은 깊고도 푸른 바다

띠엔 수하르토 여사의 손길 아래
솔로 왕궁의 전통을 안고

바틱은 단체복 정장이 되어
왕궁을 떠나 거리로 나간다

바틱의 날, 10월 2일
수많은 손길을 거쳐 그려진 유산
박물관, 바틱 갤러리 앞
푸르름과 시듦을 반복하는
오래된 나무 한 그루를 바라본다
흘러간 시간 속에
빛바랜 문양이 더욱 선명한 이유를
오늘에서야 깨닫는다

* 조글로(Joglo) 지붕: 자바 전통 건축 양식. 네 기둥을 중심으로 한 피라미드형 지붕으로 위계·조화·우주의 질서를 상징.
** 구루(Guru): 인도네시아어로 '스승'.

바틱 3

Ibu Ari는 말한다
"바틱은 변하지 않아요
어떤 정치도 어떤 시대도
수많은 종족의 문화도 그저 흐르며
물들이며 자기만의 길을 걸어요."

섬의 수많은 손길이 이야기를 새기며
하나 된 다양성 속의 통합
대통령의 리더십에서 그들의 정신과 역사
새로운 빛으로 번져간다

오래된 문양이 현대를 만나
시간을 넘고 세대를 넘고 넘어
깊고 넓은 바다로 흘러
얼룩을 지우고 무늬가 되었다

* 바틱은 자바의 영혼에서 비롯되어 인도네시아 문화의 상징이 되었으며, 유네스코 인류무형문화유산(2009)으로 등재.

앙끌룽

바람 소리 새소리와 함께 자라는
대나무가 흔들린다
어울림으로 더 빛나는 소리
앙끌룽*이 흔들린다

데위 스리를 위로하고
식민의 시간을 달래준
순다족** 영혼의 소리

그리운 것들은 모두
울림으로 다가온다
아득한 별빛으로
지상에 와 닿는다

* 앙끌룽(Angklung): 대나무로 만든 인도네시아 전통 악기. 손으로 흔들어 공기의 울림을 내며, 조화와 공동체 정신을 상징한다. 유네스코 인류무형문화유산(2010)으로 등재.
** 순다족: 서부 자바의 주된 종족.

옛 노래, 두타*

자카르타, 끄망의 깊은 골목
붉은 지붕 아래
지중해의 한 조각처럼 두타가 서 있다

부겐빌레아 흐드러지게 피어나고
꽃잎은 바람에 흔들리며
삶과 예술의 경계임을 알린다

흰 회칠 벽에 수조요노의 '깨어난 정신'을 걸어두고
유럽 작가가 발리의 논밭 위에
붉은색을 덧칠한 그림도 만난다

화가 까르띠니의 꽃 그림에는
빛과 그림자 서로 포개진다
그림이 말을 걸면
'삶의 가장 깊은 온도를 느낀다'고

그림이 말을 멈춘 후에도

두타는 조용히 귀를 기울인다

언젠가 도착할 다음의 떨림을 위해

천천히 시간을 건넨다

영혼의 발자국 위에 피어나는 꽃, 깜보자처럼

40년 전 그날처럼

400년의 기억으로 다시 피어날

깜보자, 다음 생을 기다리는 꽃

* 두타 미술재단 갤러리(Duta Fine Arts Foundation): 1986년 설립된 인도네시아의 대표적 갤러리로 근대 거장들의 작품 컬렉션으로 명성이 높다. 자카르타에서 가장 오래된 미술의 집이며 대중에 공개되지 않은 두타 박물관은 인도네시아 근현대미술의 흐름을 보여주는 중요한 공간이다.

도예가, 위다얀토*
— 그에게는 항상 향기가 난다

나비와 벌이 먼저 다녀간 초록의 정원
숲길을 걸을 때
그가 머리에 꽃을 꽂아 주었다

나비와 벌, 개구리와 도마뱀
그가 빚어낸 작은 우주
사람과 자연과 동물이 춤추는 무대

도자기를 굽는 불꽃에서 열정을 느꼈고
흙을 빚으며 기다리는 법을 배웠노라고
애벌레가 나비가 되는 걸 지켜보았노라고

그도 흙에서 태어나
예술로 피어난 나비라는 것을

그가 빚어낸 풍요의 여신 데위 스리**
눈에서 벼가 자라고 손에서 생명이 움튼다
손길 닿은 도자기들은

숨 쉬는 듯, 살아 있는 듯

먼 훗날, 이곳을 떠나는 날
말하리라
꽃향기인 줄 알았는데
당신에게는 언제나 흙 향기가 났다고
그 향기가 내 마음을 흔들었다고

* F. 위다얀토(F. Widayanto, 1953~): 반둥공대(ITB)에서 예술의 기초를 닦고, 자바의 흙과 전통을 현대적 감각으로 빚어내는 인도네시아 대표 도예가. 자카르타·보고르·데뽁에 작업 공간을 두고 도예 교육과 전시를 이어오며 대중화에도 힘써왔다. 그의 작품은 이스라엘 나사렛의 성모승천 대성당과 자카르타 성마리아 대성당에 전시되어, 신앙과 예술을 잇는 상징적 자취로 남아 있다.
** 데위 스리(Dewi Sri): 자바순다 신화 속 벼농사와 풍요의 여신.

하리 다르소노*의 꿈

바늘과 실이 그린 선율 위로
황금빛 드레스가 춤을 춘다
지문처럼 새겨진 천 위에 교향곡으로 피어나
피아노 건반은 달빛을 물들이고
별빛도 은하수도 그의 곁에서 숨죽이네

어린 날, 과잉 에너지를 품고
세상의 틀을 넘나들던 아이
말이 아닌 바느질로 몸짓으로 세상을 수놓았네

왕들의 옷자락이 그의 손을 거쳐
시대를 넘어 노래하듯 춤추고
찬란한 기억은 박물관에 남아 있네

그가 짜 올린 꿈의 자락을 바라보며
내일을 수놓을 또 다른 실타래를 찾는다

* 하리 다르소노(Harry Darsono, 1950~): 인도네시아를 대표하는 꾸뛰르 패션 디자이너. 어린 시절 ADHD와 과민증을 예술로 극복하고, 옥스퍼드대에서 철학박사학위를 받았다. 오페라·발레 의상과 유럽 왕실 무대에서 명성을 얻었으며, '아디부사나(Adibusana, 최고 의상)' 개념을 창안했다.

불멸의 테이블
— 뚜구 라라종그랑*

붉은 등불 아래
천이백 년을 넘어 앉아 있다
부서진 전설 위에 놓인 식탁
나무의 숨결이 흔들린다

라라종그랑
사랑 때문에 석상이 된 공주
그녀가 다시 살아 천국에 오른다

왕은 먼 길을 돌며
한입 베어 물 때마다
음식에 문화를 넣었다

한 잔의 커피 속에서도
빛바랜 유물 속에서도
황금빛 전설 속에서도
보로부두르의 새벽이
쁘람바난의 노을이 붉게 피어난다

사진 속 수카르노의 미소
베자드의 그림이 벽을 채운다
와양은 끝없는 이야기를 품는다

라라종그랑의 꿈을 수저질한다
불멸이란
전설이 입안에서 퍼지는 순간임을

* 뚜구 라라종그랑(Tugu Lara Djonggrang): 예술품 수집가 안하르(Anhar Setjadibrata)가 설립한 뚜구 그룹이 운영하는 레스토랑. 욕야카르타 쁘람바난 사원의 전설 '라라종그랑'에서 영감을 받았으며, 부티크 호텔·레스토랑 체인인 뚜구의 철학—"살아있는 박물관"—아래, 마자빠힛(Majapahit) 왕국의 전성기 하얌 우룩(Hayam Wuruk) 왕과 재상 가자 마다(Gajah Mada)가 누리던 향신료와 요리의 세계를 재현한 연회 같은 공간이다.

보로부두르, 화려한 부활

십 세기의 긴 잠에서
깨어나는 일만의 부조, 생명의 아수라
전설을 간직한 동방 사원의 부활

남국의 열정, 창조의 꿈
담대한 새벽처럼
천삼백 년 전의 흔적을 캔다

카아라의 입으로 과거를 삼키고
천상에 오른다
순례자는 가믈란 선율에 발맞추어
내일로 향한다

보로부두르*
땅 위에 내려앉은 수미산
천삼백 년을 굽어살피시는 부처님
깨달음을 향해 축복을 던지는 야자수

너는 외로운 침묵의 노래

더 이상 부르지 않아도 좋으리

* 보로부두르(Borobudur): '언덕 위의 승방'이라는 뜻의 산스크리트어에서 유래한 이름. 8~9세기 사일렌드라 왕조가 중부 자바에 세운 세계 최대의 불교 사원으로, 불교 우주를 형상화한 석조 만다라이자 '불교 우주의 축소판'이라 불린다. 9세기 후반 사일렌드라 왕조가 사라진 뒤 서서히 방치되었고, 14세기 이후 이슬람 확산과 화산재, 밀림에 뒤덮여 오랫동안 잊혔다. 1814년, 자바 총독으로 부임한 영국인 래플스(Sir Thomas Stamford Raffles)에 의해 다시 세상에 드러났으며, 유네스코 세계문화유산(1991)으로 등재되었다. (완전히 묻혀 있던 기간은 약 500년)

사만가요* 춤

손과 가슴 울리는 소리
전사의 용기 되어 퍼지고
기도의 줄처럼 일직선으로
하나 되어 움직인다

렝움에서 사우르까지
알라께 올리는 찬양의 리듬
가슴은 조국을 품으며
머리는 겸손히 숙여 하나로 묶는다

단결하면 단단해지고
분열하면 넘어지는 법
사만 춤은 말한다, 하나 되어 함께

유네스코에 새겨진 이름
기억하고 지키고 이어가라고

* 사만 가요(Saman Gayo) 춤: 아체 지방 가요족의 전통 군무로 협동과 신앙을 상징. 유네스코 인류무형문화유산(2011)으로 등재.

신의 그림자, 와양

그림자를 읽는다
그림자의 움직임을 엿듣는다
몸짓에 배어드는 음악
춤에 서려 있는 영혼
몸으로 하는 사랑
몸으로 부딪치는 싸움
모든 게 그림자 같아
아니, 사랑싸움 같아
칼로 물 베기 같아
알고 보면 그림자뿐인 생
그림자가 그림자를 읽는 밤
빛 없어도 마음에 그림자 진다
영혼의 빛만으로도
그림자의 아픔을 느낀다
어둠 전체가 그림자가 되는 밤
내가 없으면 너도 없다
내가 있어야 네가 있다
아, 이 아득한 우기의 밤

제4부
자카르타에서 생의 절반을 살다

뿐짝, 차밭에서

예고 없이 몰려온 안개가
길 지워버리기도 하는 차밭
석 달 열흘 뙤약볕을
둥근 차양으로 가리고
눈부신 초록 한 잎 한 잎
대나무 광주리에 따 담아내는 사람들

오늘은 고원 비워둔 채
성지 순례 떠나고
지금은 우기
계절풍 부는 계절
허허한 초록 물결 사이를
혼자 걸어가다 보면
내 안 어디에도 고원 같은 정적
은밀하게 출렁이고 있었던가

좀 전까지 나 살던 세상은
머언 어디쯤에서 다른 풍경으로 서 있을 것 같다

생의 절반을 묻은 이국의 삶

깨진 앙금에 말 못 할 외로움

가라앉은 거리마다

눈 시린 초록으로 출렁인다

해변의 기도

젊은 날은 아직도
빠랑뜨리띠스* 해변에서 서성이는데
당신은 내게
잃어버린 꿈을 찾아줍니다

끝없이 밀려오는 파도가
왜 끝내 노을이 되는지 알게 합니다

꺼지지 않는 심장으로
서로의 가슴을 범람하는

나도 넓은 파도가 됩니다
나도 노을이 됩니다

* 빠랑뜨리띠스(Parangtritis): 자바섬 욕야카르타 남부 인도양에 있는 해변으로, 거친 파도와 검은 화산 모래로 유명하다. 자바 신화에 따르면 바다의 여신 로로 끼둘(Nyi Roro Kidul)의 거처로 신성한 장소로 여겨진다.

안쪽 바다

그 바다엔
달이 낳아 놓은 섬 하나
세월을 출렁이고 있습니다

그믐, 어두운 수평선 끝에서
섬 그림자 옛 이야기처럼 지워집니다

그대 홀로 앉아 있는
달맞이꽃 핀 언덕 능선이
바다보다 환해지는 것을 봅니다

아픈 일몰이 밀려오면
아득한 사랑은 잠들지 못합니다

자카르타의 우기
― 지운 자리

썼다가 지운다

바람개비로 떠돌다가

깊은 동굴에 갇혔다가

한순간 비가 되어 쏟아지는 이름

뒤돌아본다

멈출 수 없어서 시들지 않는 추억

폭우에 떨어져

찢긴 채 뒹구는 바나나 나뭇잎

젖은 땅에 길을 내는 잎맥들, 그뿐

그리운 이름 지운 자리

눈물 홍건히 고여서

길을 잃는다

바타비아 마리나의 노래

저녁이 내린다
요트들이 바람을 맞이하고
해군 제독 동상은
수평선을 응시하며
먼바다의 이야기를 듣는다

크루즈 선은 파도에 몸을 기댄 채
천 가지 이야기를 싣고
천 개의 섬으로 향한다

노을 아래 펼쳐진
마리나 바타비아 레스토랑
차마 이루지 못한 사랑을 타고
생음악 아래 잔을 부딪치고
기타 선율이 어우러지면
나는 이미 바다로 떠났다

이곳은 바다의 시간
꿈이 정박하는 곳

쯔짝*, 도마뱀 울퉁이

도마뱀 울퉁이가 수직의 흰 벽에서
없는 애인과
전생에 못다 한 사랑놀이를 한다
숨 가쁘게 허공을 휘젓는
가느다란 꼬리가
없는 이름을 낙서하는
아슬아슬한 벽 타기에
나는 잠을 뒤척인다

도마뱀 울퉁이는
제 삶의 능선을 전력 질주하며
알몸 드러내는 부끄러움도 잊은 채
꼬리가 잘리는 참혹한 아름다움
오만으로 가득 찬 저만의 공간에서
또 다른 생을 살기 위해
비상을 꿈꾼다
허공을 내디딜 때마다
상처 같은 바람 소리

밤새 홀로 날아다니다
어둠처럼 흰벽만 남겨둔 채
우주의 틈새로 꼬리 감추는
도마뱀 울퉁이

아, 생은 얼마나 깊은 계곡인가

* 쯔짝(Cecak): 인도네시아 가정에서 흔히 보이는 부엌과 천장, 벽을 타고 기어다니며 짹짹 우는 소리를 내는 집 도마뱀. 해충을 잡아먹으며, 집이 살아 있고 복이 깃든다는 길조로 여겨짐.

오후 3시의 공원
— 블록 M, 아요디아 공원에서

엄마가 깊고 따뜻한 숨으로 비눗방울을 만든다

아이는 무지개가 되어
허공을 날고
꼭대기까지 날고

오후 3시의 공원
반짝, 밥숟가락처럼
빈손에 담기는

엄마의 동냥 통에
내려앉는 비눗방울
이내 꺼지는
무지개

부치치 못한 편지

먼바다를 건너
망명객으로 자바 땅에 디딘 첫발
조국의 새벽을 품었던 사나이, 장윤원
자택에서 우체국까지 겨우 십오 분
고향으로 부치고 싶은
편지들을 품고 걷는 길
빠사르 바루 우체국
흰 종이 위로 스미는 검은 숨결
붉은 피처럼 뜨거운 한 민족의 고동

마음 한 장을 고국으로 보낸다
늘 그의 손에는
부치지 못한 편지들
나라 잃은 자의 서러움
자바의 거리마다
먹빛 같은 역사 한 줄기 새겨진다

자카르타에서 생의 절반을 살다

소멸을 끌고 시간이 간다
세상 모든 사람들에게
다른 의미를 주며

때로는 말없이 반짝이며
때로는 허무하게 추락하며
과거를 매달고 온다
현재를 이끌어 간다
미래를 데리고 온다

세월 이기는 장사 없다고
금 가면서도 유기그릇처럼 반짝거린다
맑게 닦여져 가면서

시간은 별똥별
쓰러지면서 빛나면서
비로소 아름다워진다고

중앙 우체국, 우정의 길 위에서

타오르는 태양 아래
편지를 안고 달린다
퍼붓는 빗물이 길을 막아도
소식을 전하는 길은 멈추지 않는다

폭풍이 휘몰아쳐서 어둠으로 덮여도
마음과 마음을 잇는 작은 봉투 하나
그 속에 담긴 우정은 흔들리지 않는다

1919년 그 자리에 놓인
세월을 품은 진홍색 우편함 하나
1991년 돌에 새겨진 우정과 헌신의 경의
"당신의 서비스는 영원합니다"
비바람 속을 달려온 그들에게
국민은 온 마음으로 인사를 남긴다

다시 한번, 길 위의 우정을 위해
당신은 편지를 품고 달린다

시간을 담은 바꿀* 커피점

예술의 거리 찌끼니
오래된 벽돌에 스며든 향기
1878년 장작불 위에서 볶아진 원두의 첫 문장
이민자의 손끝에서 시작된 바꿀 커피
그 아내의 인내 속에서 피어난 향
"밥보다 커피가 더 좋다"던 한마디가
한 잔의 역사로 남아 시대를 건넌다

네덜란드어로 Coffee는 'Koffie'
바다를 넘어 네덜란드까지
원두를 바꿀에 이고
중국의 풍요와 행운을 상징하는 잉어 문양
까인 빤장**을 입은 자바 여인의 걸음
다양성 속의 통합으로 이어진다

가장 오래된 커피점, Bakoel Koffie
한 잔의 커피에 담긴 시간과 기억
인생은 '뱀과 사다리 게임판***'

우연의 길 위에서 필연을 꿈꾸는 놀이

우리는 새로운 편지를 써 내려간다

* 바꿀(Bakoel): 음식이나 물건을 담는 전통 바구니.
** 까인 빤장(Kain Panjang): 자바 여성들이 허리에 감아 입는 전통 긴 천 치마.
*** 게임판: 커피 역사를 담은 '뱀과 사다리 게임판'이 바꿀 커피점 벽을 채우고 있다.

수카르노-하타 공항에서

대합실 유리창 너머 노을이 진다
아득함이 출렁이는 출국장
생처럼 짧은 여정의 끝에서
회귀의 시간을 기다리며 앉아 있다

저마다의 속마음은
밀림처럼 깊이 숨어들어
물보라로 일렁이고 일렁거리고
야자수 잎잎마다 묻어 있는
휴화산의 유황 냄새 가시지 않고 살아
얼마나 오랜 동안 기억에 남아 있을까

차가운 음료수를 마시며 내다보는
대합실 밖의 나무들 어두워지고
돌아갈 곳 있어 돌아가야 하는 그대
내가 먼저 떠나보내면
황량한 사막에
풀꽃 하나 피워주려 태평양 건넌 마음

사랑은 왜 끝에 당도해서야
저를 드러내는 것인지

눈물 한 방울 돌바닥에 부서진다

옛 우체국의 시간

1945년에 세워진 찌끼니 우체국
가득 찬 시간의 향연
오래된 저울, 그라인드, 계산기, 프린팅 프레스…
그곳을 빛어내던 손길들
벽에 걸린 우표, 사진 속 옛사람들
우편물이 담긴 우체통
주인을 기다리던 그때의 흔적들
시간의 무늬가 된다
그 자리에 커피가 끓는다

고풍스러운 목재 테이블에 앉아
엽서처럼 소중한 시간을 마시고
우편함을 열듯
커피 한 잔을 나누며
우리는 다시 연결된다
편지처럼

해설

감옥과 통로, 그 어둠의 길 찾기

최준

해설

감옥과 통로, 그 어둠의 길 찾기

최준

(시인)

빛바랜 유물 속에

황금빛 전설 속에

…(중략)…

라라종그랑의 꿈을 수저질한다

불멸이란

전설이 입 안에서 퍼지는 순간임을

―「불멸의 테이블」부분

역사가 현실에 복무해야 할 의무가 있다면 그건 과연 무엇일까? 굴곡과 좌절이 안겨주는 과거의 교훈일까? 아니면 정복과 지배가 가져온 승자의 자부심일까? 그도 아니면 패자의 부활을 위한 불굴의 저항일까?

알 수 없다. 후대가 전대를 거슬러 찾아가는 길은 확인이 아니라 자취이며 반성일 테다. 하지만 안타깝게도 강자는 반성을 모른다. 그들 강자의 당위성은 피지배의 고통을 넘어선 자리에 놓여 있다.

역사는 자신을 온전히 담아내지 않는다. 역사 속에서의 자신은 이미 지워지고 없기 때문이다. 주역이 누구인가를 떠나서 이미 나를 거쳐 지난 과거의 시간대이기 때문이다. 내 삶의 전 시간은 곧 생전이며 그들의 삶은 당대를 상직적으로 그려낸다, 역사는 문화를 품고 문화와 더불어 흘러왔지만 문화는 역사의 하위 층위가 아니다. 역사가 다분히 정치적 개념이라면 문화는 대중적이며 습속에 더 가깝다.

문화는 시간과 세월을 품고 있는 누적된 과거이자 현재이기도 하다. 곧 내력인데, 이건 문명사와는 엄연히 다른 속성을 지니고 있다. 문명은 외연의 문제이지만 문화는 내연의 문제다. 문명에는 의식이 관여하지 않는다. 하지만 이를 확인하는 노릇은 소명이자 의무이다.

사공경 시인은 자신 삶의 절반쯤을 인도네시아에서 살아왔다. 이에 관한 세세한 연유는 알지 못하지만, 하나 분명한 건

시인의 인도네시아 사랑이 남다르다는 점이다. 아니, 특별하다는 게 진실에 더 가까울 것도 같다. 외국 생활을 영위하고 있는 교민들의 절대다수가 생계에 기대고 있는 현실과는 다르게 보인다. 좀 더 구체적으로 말하자면 시인은 인도네시아라는 나라가 아니라 인도네시아의 문화를 사랑한다.

  시인은 수도인 자카르타 한국국제학교의 교사로 우리 청소년들을 가르쳤고, 문화탐방반을 개설해 교민들과 인도네시아 곳곳을 오랫동안 지속적으로 탐방해 왔다. 한국문인협회 인도네시아 지부의 창단멤버로 인니 한국청소년 백일장을 개최해 이국 교민 청소년들의 문학에의 꿈을 심어주는 계기를 마련하기도 했다. 문화를 수직이 아닌 수평으로 이해하고자 하는 시인의 의식은 값지고 소중하다. 이러한 시인의 역사 인식은 타국의 문화를 껴안으며 먼 시간 여행을 떠난다. 시인은 여행자가 아닌 문화의 발걸음을 뗀다.

  다음의 시를 감상하자. 행간을 발로 뛴 시인의 시는 숙명이자 운명을 떠난 한 그루 나무의 여정을 그리고 있다. 역사가 아닌 내력이다. 아니, 역사가 곧 내력이다.

> 숲의 깊은 숨결 속에서
> 태양을 마시고
> 하늘을 향해 가지를 뻗었다
> 껍질을 벗고, 속살을 드러내며

바다로 나아갈 운명을 맞이했다

별따라 달따라 바다를 가르고
바람에 몸을 맡기며
돛을 올리고 길을 나섰다

수많은 섬을 지나
항구에 닿을 때마다
나무였던 날을 기억하며
파도 소리에 잃어버린
뿌리의 전설을 들었다
삐니시……
나무로 태어나
바다의 품에서 생을 마치다

―「삐니시 1」 전문

  이 인상적인 시는 한 그루 나무로 태어나 대양을 항해하는 배가 되었다는 역사적 사실에 근거하고 있다. 나무의 운명은 그게 아니었을 텐데, 죽음 이후의 생이 그렇게 되었다. 시인은 이 나무의 생을 한 그루 나무로서가 아닌 역사적 의미로 재해석하고 있다. 물리적이겠으나, 이 나무의 삶은 필연이자 운명이기도 했다. 배의 재료가 된 나무. 그게 곧 역사가 되고 아픔이 되었다, 어쩔 수 없는 운명이 되었고, 이는 피식민의 슬픔으로 남았다. 나무의 흔적이자 상흔이다. 시인은 이 아픔들을 발품 팔아가며 구태여 확인한다. 왜인가?

  이렇게 생각해 보자. 따스함과 긍정을 전제로 하면 모든 부정은 긍정으로 치환된다. 하지만 어떤 악행도 선행으로 바뀌지는 않는다. 나무 한 그루가 향료를 싣고 대양을 항해하기까지는 수많은 곡절들이 있다. 치환될 수 없는 아픔이다. 시인은 그 단절과 변화의 고통을 다음과 같이 표현한다.

    붉은 다리 아래
    깔리 브사르가 흐른다
    시간의 흔적을 새긴 나무 기둥
    옛날에는 열렸던 다리
    배들이 자유롭게 오가던 날들
    이제는 굳게 닫힌 채
    올라가지 않는 꿈을

    닭 시장의 분주한 아침
    상인들의 웃음과 발걸음
    식민의 시간 부서진 꿈
    허물어진 다리 위로
    뜨거운 태양만이 내려앉는다

붉은 다리는 말한다

강물 따라 바람 따라

더 큰 바다로 나아가야 한다고

자유를 향한 길은 닫히지 않는다고

―「올라가지 않는 도개교」 전문

　나무의 목성은 결국 소멸이다. 불타고 사라짐이다. 하지만 시인의 상상력은 나무가 항해를 지속하는 배의 목재로 다시 태어난다. 이는 역사적인 근거를 제시한다, 나무의 운명이다. 하지만 나무의 운명은 행복만을 담보하지는 않는다. 죽어서 배가 된 나무는 식민의 고통을 실어 나르는 교통의 수단이 된다. 억압과 착취의 수단으로 바뀐다. 노동의 결과를 식민지배자들의 식탁 위로 운반해 준다. 아픈 현실을 바람의 항로가 불어간다. 여기에 무슨 희망이 덧대어 있겠는가.

　길은 행복만을 담보하지 않는다. 더구나 바닷길은 나침반과 해도에 의지해 행진해야 할 미지이다. 하지만 억압과 착취의 결과물들을 싣고 가서 호의호식하던 이들의 마음은 과연 기쁘고 평안했을까? 시인은 그 아픔을 실어 날랐던 배를 기억한다. 이건 동정이나 연민이 아니다. 사실이었으니.

　흰 깜보자 꽃 피어 있는 곳

침묵 속에 서 있는 정돈된 비석들

그들은 한때 젊은 날의 불꽃

이름 새겨진 돌들은 시간을 안은 채

지나간 전쟁의 아픔을 승화시킨다

늪에 스러진 그림자

자바해로 떠내려간 혼백들

생명의 나무 아래 서면

그들의 생이 머문다

죽음조차 지우지 못한 이름들

별 아래 잠든 그들을

"동트는 새벽이 올 때마다 우리는 기억하리

그들은 늙지 않을 것이며

세월도 그들을 지치게 하지 못하리"

―「이국에 묻힌 병사들의 영혼」 전문

  침략과 지배와 약탈을 지속한 정복자의 삶을 살다가 이국에 묻힌 네덜란드 병사의 영혼들은 그대로 남아 후대에 의미 있는 메시지를 전해주고 있다. 그들은 식민의 권력을 등에 업고 왔지만, 이 낯선 곳에서 삶을 마감하며 하나의 역사적 흔적이 되었다. 몇 세기를 넘긴 네덜란드 식민 통치, 그 자리에 또 다른 수탈자, 일본이 대신했지만, 고통은 여전히 이 땅에 머물렀다. 그 아픈 흔적은 지금도 곳곳에서 마주할 수 있다. 일본의 점령 아래 포로가 되어 이곳에 묻힌 네덜란드인들의 묘지에서 말이다. 전쟁과 지배의 기억은 군인만의 것이 아니었다. 인도네시아 사람들, 이름 없이 사라진 대중들, 그들도 고통의 대상이었다.

자카르타 외곽 안쪽 어딘가에 잠든 네덜란드 병사들. 시인은 그 묘지를 찾아간다. 역사의 격랑 속에서 지배자였지만, 결국은 이국의 묘지에 잠들게 된 존재들, 그 침묵은 역사의 아이러니를 말해준다.

옛 바타비아 한가운데
시간은 돌바퀴를 굴리며 흐르네
역사의 숨결 깃든 광장
돌길 위 자전거 바퀴 돌아가고
사람들은 웃으며 사진을 찍네
붉은 기와 아래 박물관은
과거를 품고 오늘을 맞이하네
네덜란드의 발자국 남은 시청
말라카에서 온 대포가 서 있고
그림 같은 거리엔
오래된 우체국과 무역회사
액자로 들어온 카페 바타비아

사형대가 서 있던 자리

지금은 노래와 춤이 흐르고

역사의 그림자 품고

문화의 빛으로 다시 피어나네

파타힐라, 그 이름 아래

과거와 현재가 손을 잡고

낡은 광장에 퍼지는

자유의 노래, 희망의 꿈

―「파타힐라 광장에서」 전문

  시인의 의지와 문화를 탐구하는 더듬이는 과거를 현재로 끌어들여 옛 풍경을 상상이 아닌 현실로 재현해 낸다. 이건 긍정적으로 여기자면 시인의 개인적인 바람이겠지만 역사의 흔적은 현실을 벗어날 수 없다. 시인의 바람은 "자유의 노래, 희망의 꿈"이다. 이 간절한 소망은 끝내 이루어진다. 시인은 한 나라의 내력을 감상으로 접근한다. 해석이나 분석이 아니라 확인이다. 발로 뛰면서 그 흔적들을 확인한다. 아픔을 체험하고 이를 현재로 소급한다.

그 바다엔

달이 낳아 놓은 섬 하나

세월을 출렁이고 있습니다

    그믐, 어두운 수평선 끝에서

    섬 그림자 옛 이야기처럼 지워집니다

    그대 홀로 앉아 있는

    달맞이꽃 핀 언덕 능선이

    바다보다 환해지는 것을 봅니다

    아픈 일몰이 밀려오면

    아득한 사랑은 잠들지 못합니다

―「안쪽 바다」 전문

  시인으로서의 삶에서 시는 시인 자신의 소신과 신념을 그려내는 최선일 수도 있다. 하지만 시인은 어쩌면 시의 삶보다 시로 드러내고자 하는 문화와 역사를 더 사랑하는 듯하다. 시가 목적이 아니라 방편일 수도 있겠다는 말이다. 대다수의 해외 교민들은 자신의 생업을 고민하지 자신이 살아가고 있는 나라의 내력이나 역사에는 큰 관심을 갖지 않는다. 그런데 사공 경 시인은 여느 교민과 확연히 다른 삶을 살아오고 있다. 인도네시아를 사랑하는 게 아니라 인도네시아의 전통과 문화를 사랑한다는 말이다. 구분, 혹은 구별은 문화의 증위에 아무런 의미가 없다는 걸 시인은 말하고 있다. 시인은 자신이 쓰는 인도네시아에 관한 시편들이 기획이 아닌 자연스러운 이유이다.

문화가 꽃핀다는 말은 거짓이거나 가식이다. 문화는 어디에서도 꽃핀 적 없다. 여기엔 너무도 긴 시간이 필요하기 때문이다. 시인의 시는 문화를 말한다. 문명이 아니다. 문화다. 이는 시간이 아니라 역사이다. 두께다. 시인은 삶으로 시를 쓴다. 바틱은 옷이지만 문화를 온전히 간직하고 유지하기를 진정으로 바란다. 이런 노력이 시집으로 집약되었다. 의미는 생성되는 게 아니라 이미 있었다. 시인의 시는 밝힘이 아니라 확인이다. 이 확인은 가치보다 더한 의미를 지닌다. 지향이다. 어제를 확인하는 일은 오늘을 내일로 가는 계기가 된다. 시인의 시집은 한 나라의 역사를 문화적으로 바라본 결과물이다. 이 가치에는 바다가 놓여 있지만 인류는 바다를 건넌다. 시인의 인도네시아가 곧 우리가 되는 이유이다. 문화를 통해 화해와 통섭을 소통하려는 시인의 노력이 이 시집을 낳았다. 이해가 아니라 동감이다. 이는 이 시집이 갖는 값진 이유이기도 하다.

발문

영혼에 새긴 바틱 문양의 흔적

도종환

발문

영혼에 새긴 바틱 문양의 흔적

도종환

(시인)

 인도네시아를 생각할 때면 내게는 아주 인상적인 몇 장면이 떠오른다. 십여 년 전 자카르타 공항에 내렸을 때 공항에 나온 이들이 붉은 장미와 흰 장미를 이어 만든 꽃목걸이를 내 목에 걸어주었다. 붉은색과 흰색의 선명한 대비가 주는 강렬한 어떤 것이 확 다가왔다. 그 나라 의원들과 회의를 하기 위해 앉은 회의실 탁자 위에 작은 꽃병이 있었는데 붉은 장미와 흰 장미가 절반씩 꽂혀 있었다. 그 옆에 인도네시아 국기가 있었는데 국기도 위쪽은 붉은색 아래쪽은 흰색이었다. 이 색이 주는 무슨 상징적 의미가 있느냐고 물었더니 붉은색은 용기, 흰색은 순결을 상징한다는 것이었다. 나는 용기와 순결, 핏빛과 고결함이 왜 함께 추구하는 가치인지 궁금해졌다. 뜨거운 열정과 순수함이 어떻게 공존할 수 있는지도 궁금했다. 회의장 밖에는 스콜이 지나가는데 장미가 비를 맞고 있었다. 맑고 차가운 빗줄기가 장미를 붉게 키우고 있구나 하는 생각이 들었고, 흰 장미는 빗속에서도 고결한 빛을 잃지 않고 있구나 하는 생각을 했다. 빗속에서도 뜨거운 빛을 잃지 않는 붉은 장미, 맑은 향기를 지닌 흰 장미 이들이 추구하는 가치도 이런 것일까 하는 생각을 했다.

제2차 세계대전이 끝나고 일본의 지배로부터 벗어났다고 생각했을 때 네델란드는 다시 식민지를 유지하기 위해 재침략을 했다. 1945년 11월 9일 네델란드의 제국주의에 맞서 싸우는 수라바야전투 중에 스물여섯 살의 붕토모는 이렇게 연설을 했다.

"우리 인도네시아 청년, 인도네시아의 성난 황소들에게 흰 옷을 적실 붉은 피가 흐르는 한 우리는 절대 항복하지 않을 것이다. 동지들이여, 투사들이여, 인도네시아의 청년이여, 우리는 계속해서 싸운다. 우리는 사랑하는 조국 인도네시아의 땅에서 식민주의자를 모두 몰아낼 것이다. 오래도록 우리는 고통받고, 착취당하고, 짓밟혔다. 지금이야말로 독립을 쟁취할 시간이다. 자유 아니면 죽음을!"

이 연설에 나오는 "흰옷을 적실 붉은 피"이게 국기의 아래위를 채우고 있는 게 아닐까 혼자 그런 생각을 했다.

두 번째는 자바 사람들의 인사 방식이었다. 악수를 할 때 손을 마구 흔들거나 힘을 주어 꽉 쥐는 일이 없다. 가볍게 손을 잡았다 놓은 뒤 그 손을 자기 가슴에 대고 살며시 웃었다. 그게 그들의 인사법이었는데 손을 가슴에 갖다 대는 것이 너와의 만남을 가슴 깊이 간직하겠다는 것처럼 느껴졌다. 그러면서 그들은 자바섬 사람들은 대체로 온순하고 편안하다고 말했다. 거절을 잘 못하고, 큰소리치는 일이 별로 없고, 의사 표시를 적극적으로 하지 않고 말끝을 흐리는 것이 특징이라고 했다. 나는 "우리 충청도 사람도 그래요"라고 말하며 웃었다.

세 번째가 사공경 원장이다. 바틱 옷을 입은 그녀는 인도네시아 사람이라고 해도 크게 틀린 말이 아니라는 생각이 들 때가 있다. 문학 강연을 해달라고 해서 인도네시아에 갔다가 사공경 원장을 만났다. 신영덕, 이상기, 채인숙 이런 이들과 같이 있었다. 인도네시아에 살면서 시를 쓰는 우리나라 시인이 꽤 많았다. 한국을 위해서가 아니라 인도네시아를 위해서 태어난 사람처럼 그녀는 그곳에서 열정적으로 일하고 있었다. 이번 시집을 내며 그녀는 〈시인의 말〉에서 이렇게 말한다.

"인도네시아에서 나는 역사의 상처를 보았고 예술을 배웠으며, 무릎 꿇는 법을 익혔습니다. 그리고 그 모든 시간 속에 예술은 꺼지지 않는 등불처럼 존재하고 있었지요."

사공경 시인이 언급했듯이 이 시집의 많은 부분이 역사의 상처에 대해 이야기하고 있다. 약 350년 동안의 식민 지배와 거기서 벗어나고자 싸운 인도네시아인들의 역사와 인물에 대한 시가 많다. 독립운동가 수로빠띠에 대해 쓴 시도 그렇고, 수디르만 장군에 대해 쓴 시도 그렇다.

"아픈 이는 장군 수디르만이 아닙니다.
장군은 약해질 수 없습니다." 그렇게 말한 사람
절반의 몸으로 끝까지 조국을 껴안은
그는 국민군의 상징
―「반쪽 폐로 지킨 나라 ― 수디르만 장군 동상 앞에서」
부분

수디르만 장군은 인도네시아 독립전쟁의 영웅이다. 1945년부터 인도네시아가 1949년 12월 27일 주권을 되찾을 때까지 그는 인도네시아군을 지휘하며 네덜란드군과 맞서 싸웠다. 인도네시아군이 수세에 몰릴 때도 있고 전투를 하는 동안 네덜란드 군보다 더 많은 희생자가 발생하는 전투를 치르며 고전을 하곤 했지만 수디르만은 게릴라전을 포함한 다양한 전투를 이끌며 네덜란드와 싸우는 것을 멈추지 않았다. 그 사이 유엔은 휴전협정을 요구하며 네덜란드에게 압력을 가하고 있었는데 1949년 초 수디르만은 총공세를 명령한다. 인도네시아는 여전히 저항하고 있으며 항복하지 않을 것이라는 걸 보여주는 이 공세는 네덜란드군이 족자에서 철수하고 인도네시아 정치 지도자들이 유배에서 풀려 돌아오게 되는 성과를 만들어 낸다. 그런 정치·군사적 대립이 결말을 향해 가는 와중에 수디르만은 폐결핵이 악화된다.

> 반쪽 폐로 전장을 지휘한 밤들
> 계곡을 건너 절벽 끝까지 게릴라전을 이끌고
> 가마 위에서 지도를 펼치고
> 산길을 오르며 전략을 세웠다
> 그 이름, 조국을 위해서
> ─「반쪽 폐로 지킨 나라 ─ 수디르만 장군 동상 앞에서」
> 부분

    네덜란드와 인도네시아가 수개월의 회담 끝에 마침내 인도네시아의 주권을 인정하게 된 게 1949년 12월 27일인데, 수디르만은 한 달 뒤인 1950년 1월 29일 숨을 거둔다. 그때 그의 나이 34살이었다. 그가 병든 몸으로 가마를 타고 이동하면 전쟁을 지휘했는데 그 가마는 지금도 박물관에 남아 있다. 족자가 네덜란드에게 함락된 뒤 그가 걸었던 100킬로미터의 게릴라 루트는 사관학교 생도들이 반드시 완주해야 하는 훈련 과정으로 자리 잡았고, 1964년 인도네시아 국민 영웅으로 지정되었으며, 1968년에는 지폐에 등장하는 인물이 되었다.

    시간이 지나도 사라지지 않는 것
    기억일까, 그리움일까
                         —「묘비 박물관에서」부분

  시인은 묘비 앞에서 묻는다. 그것은 기억일까, 그리움일까? 둘 다일 것이다. 기억하는 건 살아 있게 하는 유일한 방법이다. 기억하는 것만이 고마움을 잊지 않는 것이며 우리가 살아 있는 것이 죽음에 빚지고 있다는 걸 잊지 않는 것이다. 그리움에 대한 대답을 찾는 것이다.
  인도네시아인들이 이렇게 식민 지배자들과 맞서 싸울 때 박인환 시인은 인도네시아인들을 지지하고 응원하는 시를 쓴 바 있다.

    식민의 혼돈 속에서 세월을 숨긴 가믈란
    나는 젊은 박인환과 이단의 술을 마시고
    빛을 태우는 바람 안단테로 흔들린다

—「자카르타 연가」 부분

사공경 시인도 이렇게 박인환을 소환하고 있다. 두 시를 연결하는 악기가 등장한다. 가믈란이다. 인도네시아를 대표하는 전통 타악기다. 여기서는 지나온 세월, 피 흘린 세월을 숨긴 가믈란이라고 했지만, 박인환의 시 첫 행은 "동양의 오케스트라/ 가믈란의 반주악이 들려온다"로 시작한다. 그 시의 제목은 「인도네시아 인민에게 주는 시」다. 1948년 5월 『신천지』에 발표한 시다.

제국주의의 야만적 제재는/ 너희뿐만이 아니라 우리의 모욕/ 힘 있는 대로 영웅되어 싸워라/ 자유와 자기보존을 위해서만이 아니고/ 야욕과 폭압과 비민주적인/ 식민정책을/ 지구에서 부숴내기 위해/ 반항하는 인도네시아 인민이여/ 최후의 한 사람까지 싸워라// 참혹한 몇 달이 지나면/ 피 흘린 자바섬에는/ 붉은 칸나의 꽃이 피려니
— 박인환, 「인도네시아 인민에게 주는 시」 부분

박인환이 이 시를 쓴 1948년은 우리도 식민 지배에서 벗어나긴 했지만 독립된 나라를 만들지 못한 채 분열과 대립이 격화되던 시기다. 그런데 박인환은 인도네시아가 식민지 지배자들과 맞서 피 흘리며 싸우고 있는 모습을 지켜보며 "제국주의

의 야만적 제재는/ 너희뿐만이 아니라 우리의 모욕"이라고 말한다. 우리도 일본의 식민지가 되어 참담한 시간을 보냈는데 이 싸움은 "야욕과 폭압과 비민주적인/ 식민정책을/ 지구에서 부숴내기 위"한 성격의 싸움이라고 규정한다. "스콜처럼 부서져라" "홀랜드군의 기관총 진지에 뛰어 들어라" "최후의 한 사람까지 싸워라" 이런 가열찬 언어들을 동원하여 인도네시아를 응원하고 있다.

시인이 인도네시아에서 만난 인물 중에는 독립운동가나 장군들만 있는 게 아니라 수조요노 같은 화가들도 있다.

> 수조요노, 그림보다 진실을 먼저 고민한 사람
> ⋯(중략)⋯
> 스케치 한 장마다 숨 쉬는 자바의 꿈
> 식민의 한숨이 배어 있다
> ⋯(중략)⋯
> 그의 붓이 써 내려간 민족의 혼이자 예술적 선언
> 지워지지 않는 정체성의 증언
>   ―「역사박물관 3 ― 수조요노의 그림, '술탄 아궁의
>   투쟁사' 앞에서」 부분

수조요노(1913-1986)는 인도네시아 근대미술의 아버지로 평가받는다. 그는 리얼리즘 미술을 대표하며, 인도네시아 현대미술의 발전을 이끈 주요한 인물이다. 그에 대해 쓰면서 시

인은 "그림보다／ 진실을 먼저 고민한 사람"이라고 했다. 이 진실은 예술적 진실이면서 동시에 삶의 진실을 말한다. 네덜란드에 점령당한 이후 당대의 화가들은 주로 풍경화를 그렸다. 그 그림에는 식민지 지배가 주는 고통과 억압받는 세상 풍경이 없었다. 고통받는 사람들의 모습과 표정이 배제되어 있었다. 그 그림들은 식민지 지배를 재생산하는데 복무하는 그림이었다. 거기에는 삶의 진실이 없다는 자각, 진실한 그림을 그려야 한다는 각성이 수조요노로 하여금 민족의 혼이 담긴 그림을 그리게 했다. 수조요노의 그림에 대해 시인은 다시 이렇게 말한다. "그의 붓이 써 내려간 민족의 혼이자 예술적 선언". 식민지 지배의 암울함과 억압받는 삶의 현실을 그림으로 그리자는 것은 예술적 선언이었다고 보는 것이다. 이 시에서 이야기하는 〈술탄 아궁의 투쟁사〉도 그렇고 〈앙끌룽 연주자〉를 비롯한 많은 그림들도 그렇다. 그 그림들에는 인도네시아의 생동하는 역사가 있고, 억압받는 사람들의 일상적인 삶의 모습이 있고, 피식민지 국민으로 단 한 번도 존중받은 적 없는 원주민의 실제 얼굴이 있다. 생생한 얼굴 표정과 빛깔 이게 바로 인도네시아의 색깔이라는 느낌이 든다. 그림 속에서 곧 무슨 말인가 쏟아낼 것 같은 입술과 막막한 곳을 향한 시선은 많은 말을 하고 있다. 그걸 시인은 "지워지지 않는 정체성의 증언"이라고 말하고 있다.

　사공경 시인의 마음을 흔든 예술가가 또 있다. 위다얀토(F.

Widayanto)라는 도예가다.

> 도자기를 굽는 불꽃에서 열정을 느꼈고
> 흙을 빚으며 기다리는 법을 배웠노라고
> 애벌레가 나비가 되는 걸 지켜보았노라고
>
> 그도 흙에서 태어나
> 예술로 피어난 나비라는 것을
> ―「도예가, 위다얀토― 그에게는 항상 향기가 난다」 부분

위다얀토는 자카르타 근교 데뽁에 있는 도예공방을 운영하는 도예가다. 한국에도 알려져 있는 조용한 숲속 도예공방으로 여행객이 도자기 만드는 체험을 하기 위해 가족 단위로 찾아가는 곳이기도 하다. 시인은 여기를 "나비와 벌이 먼저 다녀간 초록의 정원"이라 부른다. 위다얀토가 빚어낸 풍요의 여신 데위 스리에 대해서는 "눈에서 벼가 자라고 손에서 생명이 움트는" 작품이라고 평가한다. 위다얀토는 "도자기를 굽는 불꽃에서 열정을 느꼈고/ 흙을 빚으며 기다리는 법을 배웠노라고" 말한다. 도자기가 완성되기를 기다리는 과정이 애벌레가 나비가 되는 걸 지켜보는 과정과 같다는 걸 알았다고 간접화법으로 우리에게 전한다. 그러면서 "그도 흙에서 태어나/ 예술로 피어난 나비라는 것을" 알았다고 한다. 기어다니는 벌레에서

날아다니는 나비가 되는 과정은 그 자체로 매우 상징적이다. 흙을 문지르고 치대고 매만져서 도자기를 만들어 내는 과정도 빛나는 예술적 승화의 과정이 있다. 그걸 시인은 "예술로 피어난 나비"라 표현했으리라. 그런 도예가에게 향기가 난다. 꽃향기인 줄 알았는데 흙 향기였다고 한다. "그 향기가 내 마음을 흔들었다고" 말한다.

그런데 시인의 마음을 가장 크게 흔든 건 아무래도 바틱이 아닌가 싶다. 바틱은 천 위에 왁스를 입히고 염색하는 독특한 방식으로 만들어지는 직물이다. 짠땡이라는 도구를 사용하여 천 위에 왁스를 입힌 후, 여러 번 다시 염색하고 건조하는 저항 염색 기술로 만들어 내는 직물인데 이 과정에서 섬세하고 다양한 무늬와 화려하고 독특한 색감을 창조해 낸다. 무늬 하나하나는 가문과 지역의 특색과 신앙의 의미를 담고 있다. 유네스코 세계 무형문화 유산으로 등재된 바틱은 인도네시아의 전통 직물 예술이자, 인도네시아의 문화적 정체성을 대표하는 복식 양식이다.

  한 땀 한 땀 새겨지는 자바의 시간
  그녀의 눈동자는 꿈을 짓고
  무한을 그리는 점과 선 우주를 수놓았다
  천천히 아주 천천히

  염료 속에 젖어 들며
  새겨지는 세월의 문양

  "구루 사공, 바틱을 알면
  인도네시아가 보일 거예요."
  그녀의 말은 깊고도 푸른 바다
―「바틱 2」부분

 천에 한 땀 한 땀 새겨진 것은 문양이 아니라 "자바의 시간"이라고 한다. 아니 "우주를 수놓았다"고 한다. "천천히 아주 천천히/ 염료 속에 젖어 들며" 새겨진 것은 세월의 문양이라고 말한다. 그래서 "바틱을 알면/ 인도네시아가 보일 거예요"라고 말한다. 더 나아가 시인의 눈에는 바틱이 "영혼의 옷"으로 보인다.

  영혼의 옷, 철학의 옷
  바틱은 사랑이다
―「바틱 1」부분

 "바틱은 영혼의 옷, 철학의 옷"이라고 한다. 왕실에서 권위를 상징하는 복식으로 정제·격상되었으며, 식민지 지배권력에 대한 문화적 저항의 상징으로 자리매김하는 시간을 거치며 민족 자긍심을 상징하는 옷이 되었고 단체복 정장을 거쳐 거리로 나오게 되는 과정에 인도네시아 국민에 대한 사랑과 철학이 담겨 있다고 보는 것이다. 그래서 "바틱은 사랑이다"라고 말한다. 장인의 손에서 시작한 문양 안에 담긴 고급스럽고 아름다운 색감, 그 안에 배어 있는 문화와 철학 그리고 문화적 정체성은 다양성 속에서 통합을 추구하는 인도네시아 정신과 맞닿는 지점이 있다.

> Ibu Ari는 말한다
> "바틱은 변하지 않아요
> 어떤 정치도 어떤 시대도
> 수많은 종족의 문화도 그저 흐르며
> 물들이며 자기만의 길을 걸어요."
>
> 섬의 수많은 손길이 이야기를 새기며
> 하나 된 다양성 속의 통합
>
> ―「바틱 3」 부분

바틱은 인도네시아 장인들의 전통적인 수공예 기법을 전승하면서도 스크린 프린터나 디지털 텍스타일 기법 등을 접목해 현대적 디자인으로 변화 발전해 나가고 있고 전통과 현대가 공존하는 국가 문화자산으로 인정받고 있다. 바틱은 자바 사람들의 손끝에서 시작하여 인도네시아 문화의 아이콘이 되었다. 자바의 영혼이라고 말해도 되지 않을까 싶다. 사공경 시인은 시를 쓰는 일도 바틱이 만들어지는 과정과 같다고 말한다.

"바틱은 인도네시아 그 자체입니다. 시를 쓰는 일이란 역사를 감싸는 한 조각의 천을 짜는 일이거나 신 앞에서 헐벗은 마음으로 그리는 바틱 문양과도 같았습니다.

바틱 장인이 기도하는 마음으로 천 위에 말람으로 쓰고 덮고 염색하고 다시 삶아내듯, 나 또한 언어로 마음을 새기고 덮고 다시 기도하는 과정을 수없이 반복했습니다."

시를 쓰는 일도 한 조각 천을 짜는 일과 같다는 말은 맞는 말이다. 그런데 그 천이 그냥 천이 아니라 역사를 감싸는 천이라고 할 때 시를 쓰는 일의 무게는 그만큼 커진다. 시의 내용이 역사를 포함해 인간 삶의 과거와 현재로 확장되기 때문이다. 거기다 신 앞에서 헐벗은 마음으로 그리는 바틱 문양과도 같다고 하면 시는 더 깊어진다. 신 앞에 인간은 한없이 작은 존재인데 욕심과 탐욕을 다 벗어버린 마음으로 바틱 문양을 그려나가는 일이란 영혼으로 직물을 짜는 경지라 하지 않을 수 없다.

그런 상태를 문질빈빈文質彬彬이라고 한다. 무늬와 바탕이 잘 어우러진 훌륭한 모양이 밝고 환하게 빛이 난다는 말이다.

『논어』에서는 "바탕이 무늬를 이기면 거칠고 무늬가 바탕을 이기면 사하다. 무늬와 바탕이 서로 빈빈해야 아름답다(質勝文卽野 文勝質卽史 文質彬彬)"고 한다. 글을 쓸 때도 이와 같아서 생각의 바탕이 진실하고 순진해야 하며, 그 생각을 표현하는 방식인 무늬와 얼룩과 채색이 잘 어우러져야 한다. 생각과 수사修辭가 균형을 이루어야 작품이 빈빈하게 된다.

마지막으로 하나 더 언급해야 할 인도네시아의 문화가 와양이다. 와양은 그림자극이다. 시인은 와양을 어떻게 읽었을까?

> 그림자를 읽는다
> 그림자의 움직임을 엿듣는다
> 몸짓에 배어드는 음악
> 춤에 서려 있는 영혼
> …(중략)…
> 알고 보면 그림자뿐인 생
> 그림자가 그림자를 읽는 밤
> 이런 밤엔
> 빛 없어도 마음에 그림자 진다
> 영혼의 빛만으로도
> 그림자의 아픔을 느낀다
> 어둠 전체가 그림자가 되는 밤
> 내가 없으면 너도 없다

내가 있어야 네가 있다

아, 아득한 우기의 밤

─「신의 그림자, 와양」 부분

  인도네시아 시인들도 와양을 이렇게 읽어내진 못했을 것이다. "알고 보면 그림자뿐인 생". 이 정도는 보통 사람들도 당연히 알고 있을 것이다. 그러나 "그림자가 그림자를 읽는 밤" "이런 밤엔/ 빛 없어도 마음에 그림자 진다" 이런 정도로 깊이 있게 읽어내는 일은 쉽지 않다. 와양은 빛이 있어서 그림자가 있는 것이란 사실을 바탕으로 만들어가는 연극인지라 빛과 그림자의 관계가 무얼 만들어 내는지 골똘히 생각하게 될 터인데 "빛이 없어도 마음에 그림자가 지는 밤"도 있다고 시인은 말한다. 더 나아가 "영혼의 빛만으로도/ 그림자의 아픔을 느낀다"고 말한다. 영혼의 빛이 얼마나 강렬해야 그 빛으로 그림자가 만들어지고 그 그림자를 보며 아파하고 고뇌하게 될까.

  빛과 그림자의 관계는 "내가 있어야 네가 있"는 관계다. 나는 너의 원인이며 너는 나의 결과다. 나와 너, 존재와 타자, 영혼과 그림자의 관계가 그렇고 사공경 시인에게는 한국과 인도네시아의 관계가 그럴 것이다. "내가 없으면 너도 없다" 사공경 시인은 "내 마음을 두드리는 가믈란의 리듬 속에서 무대 위의 와양의 그림자 속에서 …(중략)… 너는 누구이며, 왜 여기에 있는가?"를 자신에게 물었다고 말한다. 이 시집에 실린 시들은 그 질문에 대한 대답이다.

 아울러 "읽는 이의 영혼에도 바틱 문양의 흔적이 조용히 물들기를 기도" 한다고 말한다. 그렇다 이 시들은 시인이 '영혼에 새긴 바틱 문양의 흔적'이다. 이 시를 읽는 이의 영혼에도 바틱 문양의 흔적이 물들기를 소망한다.

| 사공경 |

시인, 한·인니문화연구원장, 문화예술기획자. 저서 『자카르타 박물관 노트』 『서부자바의 오래된 정원』과 공동 저서 11권이 있으며, 2023년 제17회 세계 한인의 날 국무총리 표창을 받았다. 바틱연구자로서 한세예스24 초청전 등 다수의 전시를 했으며, 1999년 자카르타한국국제학교 교사 시절 '문화탐방반'을 시작으로 《한인니문화연구원》을 세워, 25년 넘게 인문·예술·역사를 잇는 현장형 교류를 실천해 오고 있다.

이메일 : sagongjkt@gmail.com

현대시 기획선 143
불멸의 테이블
초판 인쇄 · 2025년 10월 30일
초판 발행 · 2025년 11월 5일
지은이 · 사공경
펴낸이 · 이선희
펴낸곳 · 한국문연
서울 서대문구 증가로29길 12-27, 101호
출판등록 1988년 3월 3일 제3-188호
편집실 | 서울 서대문구 증가로31길 39, 202호
대표전화 302-2717 | 팩스 · 6442-6053
디지털 현대시 www.koreapoem.co.kr
이메일 koreapoem@hanmail.net

ⓒ 사공경 2025
ISBN 978-89-6104-403-5 03810

값 13,000원

* 잘못된 책은 바꾸어 드립니다.